# 美智子さまいのちの旅
## ―未来へ―

渡邉みどり

講談社ビーシー／講談社

和歌山城で紀州犬と（1971年9月5日／©JMPA）

日本武道館で行われた官設観光機関国際同盟総会開会式
（1967年10月／©JMPA）

# 美智子さま　いのちの旅——未来へ——

# はじめに――美智子さまは皇室を演出する「皇室プロデューサー」

陽だまりのなかを、ゆっくりと散策されるお二人――。上皇さまと美智子さまがお代替わりののちに転居された高輪・仙洞《せんとう》仮御所(東京都港区)の庭には、季節ごとにさまざまな花が咲き乱れます。

阪神淡路大震災の復興と鎮魂のシンボル「はるかのひまわり」や、全島避難した三宅島の噴火被災者から贈られた溶岩に施された寄せ植え、東日本大震災に遭った岩手県大槌町のハマギク、福島県の子どもたちから贈られた種から育てたアサガオなど、これまでのお二人の「国民のもとに出かける皇室」としてのふれあいが形となった花々が皇居から植え替えられています。その庭を、朝夕散策されるのがお二人の日課になっているといいます。お二人仲睦まじく歩かれながら、懐かしい若いころの思い出話などをされています。

## はじめに

二〇一九年（平成三一年）六月に両目の白内障手術を、九月には左胸の乳がんの摘出手術を受けられた美智子さま。ホルモン療法による左指のこわばりがあり、毎日午後には体温が三七度を超え、翌朝に平熱に戻る症状が続くといい、ご体調が案じられます。外出を控えられながら、上皇さまとの静かな日々がいつまでも続くようにと願わずにはいられません。

私は今でも、美智子さまのお若かったころのことを懐かしく思い出します。

美智子さまのご成婚は、まさに現代のシンデレラストーリーでした。民間のご家庭のお嬢さんが、テニスコートで皇太子に見初められ、プロポーズをお受けになってご成婚されたのです。

一九五八年（昭和三三年）一一月二七日、皇室会議を経てご婚約が決まり、テレビカメラのフラッシュの前に現れた正田美智子さんは、もうすっかりプリンセスの風格を身につけていらっしゃいました。正田美智子さんの輝くばかりの美しさとインテリジェンス。日本中にミッチーブームが沸き起こったのです。

翌年四月一〇日、皇太子継宮《つぐのみや》明仁《あきひと》親王と美智子さまのご成婚パレードが行われました。放送が始まって日の浅いテレビ局各社は世紀の大イベントとして何台もの中継車を繰り出し、そこに日本テレビ放送網に入社したばかりの私も新米ディレクターとして参加していました。私の仕事は、青山学院の中継現場でハレルヤコーラスの学生を待機させ、パレードが通過したら合唱させること。そのコーラスで美智子さまにこちらを向いていただこうと張り切っていました。

美智子さまと私は、ともに一九三四年（昭和九年）生まれです。

「この方とは、きっと一生涯関わり続けることになる」

歓声が沸き起こるなか、そんな予感を抱きました。その後、私は「婦人ニュース」や特別番組を担当し、長年皇室報道に関わっていったのです。

時は流れ、一九八九年（昭和六四年）一月七日、昭和天皇が崩御されました。葬儀の行われた二月二四日は休日となり、日本中の公共施設をはじめ、デパートなど一般企業が自粛して店を閉めたのです。全国のテレビ局やラジオ放送が報道特別番組を編成して中継し、それぞれ大きな視聴率を挙げました。

そのとき、私は昭和天皇崩御報道の総責任者として、張り付きで中継に携わっていました。日本テレビ放送網本社に近い場所に転居して日夜を問わず飛び出せるようにしたほど、この報道に力を入れていました。

御代が替わり、美智子さまが皇后になられてから年月が経ちました。両陛下が金婚式もおすませになった二〇〇九年（平成二一年）一一月四日、お二人お揃いで日本記者クラブ設立四〇周年のお祝いに出席されました。

会場は日本プレスセンタービル。菊の御紋がついたベージュ系の色留袖をお召しの美智子さまは、お祝いの席をいっそう華やかなものにされていました。

この日、私はお二人の懇談係に選ばれ、三分間のお時間をいただいて、美智子さまとお話させていただきました。そのとき美智子さまは、

「私のことを書いてくださっているのよね」

とお声がけくださったのです。長きにわたり美智子さまと関わりを持たせていただけたことをありがたいと感じたひとときとなりました。

ご結婚されてから、美智子さまは天皇陛下（上皇さま）に寄り添うように天皇家を支えてこられました。上皇さまの夢だった「温かいホーム」を実現させるため、上皇さまと相談しつつ乳人制度を廃止してお子さまたちを手元で育て、幸せな家族の肖像を国民に向けて伝え続けられたのです。昭和の時代にあっては、大変に勇気のいることでした。

やがて美智子さまは、上皇さまとともに周りの人々の理解を求めつつ、さまざまな取り組みをすることになります。被災地に飛び、全国津々浦々に行幸啓し「祈る皇室」から「行動する皇室」に変え、国民からの敬愛を集めてきました。美智子さまは、まさに「天皇家の名プロデューサー」だったのです。

やがてお子さまたちも成人してご結婚されました。いよいよお代替わりのときが近づいてきたのです。

美智子さまの脳裏にあったのは、昭和天皇崩御に際し、一年間喪に服した国民の生活、墓陵を造るための膨大な経費、儀式に係る人々の労苦でした。美智子さまは、その莫大な金額、自粛のための経済への大きな影響に驚いたといいます。天皇が亡くなったとき、残された国民を混乱させないためにはどうしたらいいのか……。やがて来るお代替わりに向けて、天皇陛下（上皇さま）と浩宮さま、礼宮さまの親子会談が毎月のように行われるようになったのです。

この会談をすすめたのは美智子さまだといわれています。会談の成果は実り、みなさんもよくご存じのように平成から令和へのお代替わりは生前退位というかたちでスムーズに、国民の祝福のもとに行われました。美智子さまは、よいタイミングを見つけるのがとても上手な方でした。

そうしてこのときから、美智子さまの「人生の終い方」の取り組みが始まったのです。それは、天皇家をプロデュースし続けた美智子さまの、最後の大仕事です。二〇一三年一一月一五日に「火葬」「小規模埋葬」を希望される両陛下のご意志を報じた朝日新聞は、上皇陛下と美智子さまの「終活」と報じています。

私の美智子さまに関する最初の著作『美智子皇后の「いのちの旅」』（一九九一年・文藝春秋）を刊行してから三〇年の月日が経ちました。

たまきはるいのちの旅に吾を待たす君にまみえむあすの喜び

この和歌は、美智子さまが上皇陛下とのご成婚の前日（一九五九年四月九日）にお詠みになったものです。この翌日を境に、美智子さまは自らのおいのちをかけて、上皇陛下とご家族と皇室を守っていらっしゃいました。そしてその間、私は美智子さまに関する書籍を数多く世に出して、僭越ながら美智子さまを陰ながら応援し続けてまいりました。最初の著作の題名に寄せたのは、今回の本に私自身の特別な思いがあるからです。私自身の仕事の集大成でもあります。

国民に寄り添って生きてこられた美智子さまは、国民の憧れでありお手本でした。美智子さまの最後の大仕事である「終い方」への取り組みをお伝えすることで、私たちにも学べるものがたくさんあることでしょう。

上皇陛下と美智子さまのご長寿を心より願っております。

渡邉みどり

ご成婚パレードでカメラが美智子さまのアップをとらえた瞬間

日本テレビ放送網に入社して2年目で、ご成婚パレードを中継する著者。
まだ女性のディレクターは少ない時代だった
（上下ともに渡邉みどり提供）

美智子さま　いのちの旅　――未来へ――　目次

## 第三章 即位◉終《しま》い方への模索

第六章 終《しま》い支度のとき 165

造本装幀　岡 孝治＋森 繭
カバー写真　渡邉みどり／宮内庁

# 第一章 大喪の礼

多摩御陵（現武蔵陵墓地）
を参拝される
（1969年12月　©JMPA）

## 「昭和天皇の崩御」から始まった

一九五九年（昭和三四）四月一〇日、明仁《あきひと》親王（上皇さま）と美智子さまはご結婚されました。翌年には、浩宮さま（天皇陛下）をお産みになります。そうして、美智子さまは上皇さまをお支えしながら温かいホームを作り、全国にお出ましになってさまざまな活動を続けていらっしゃいました。

天皇家には古《いにしえ》より伝えられてきた儀式がたくさんあります。私たちも、ご成婚やご即位の儀式のときなどに、まるで源氏物語から抜け出したかのような美しい十二単《じゅうにひとえ》をお召しのお姿を垣間見ることができますね。

そのなかにあって、美智子さまがとても驚き、「なんとかしなければ……」という想いを胸に抱くことになる大きな出来事がありました。

# 第一章

## 大喪の礼

それは、昭和天皇の「大喪《たいそう》の礼《れい》」でした。

一九八九年（昭和六四）年一月七日、昭和天皇は崩御されました。御歳八七、天寿をまっとうされたご最期でした。

棺に納められた亡骸《なきがら》は、一〇日間、明仁親王と美智子さまをはじめ、皇族方がお傍近くで見守られました。御饌《みけ》を供えて霊魂を鎮め、亡くなった先帝の復活を祈りながらも、お傍でその姿を見つめる殯宮祇候《ひんきゅうしこう》という習わしです。殯宮とは、先帝のご遺体が納められている二重の舟形の棺《ひつぎ》を指します。その棺の傍で親族が毎晩交代し、一人でお通夜を営むのです。

当時、私は日本テレビ放送網に勤務しており、昭和天皇崩御報道のチーフプロデューサーを務めていました。昭和天皇の崩御から葬儀までの一切を取材し、報道したのです。

昭和天皇が崩御される前のことです。天皇がお年を召し、ご体調が悪くなるにつれ、テレビ各局ともやがて来るであろうその日を「Xデー」と呼んで、相当な時間と予算を費やして報道の準備を進めていました。私は、昼夜いつでも会社に行けるよう、生まれ育った青山から会社の近くに引っ越すほど、この仕事に懸けていました。

私たち日本テレビ放送網は、FM東京（現・TOKYO FM）の屋上から吹上《ふき あげ》御所の病室のお窓がどれくらい写せるか、カメラテストを重ねました。使ったのはスポーツ報道で用いるゴルフやサッカー撮影用の望遠レンズです。FM東京の屋上から、天皇陛下の病室の窓枠ぎりぎりまでが写ったのには驚きました。

昭和天皇が崩御されたのを私たちがいち早く知ったのは、元侯爵家の嵯峨公元《さがきんもと》さんのもらした一言からでした。

「姉は出かけました」

嵯峨氏の姉は、昭和天皇の妻・香淳《こうじゅん》皇后おつきの福永女官だったのです。これはありがたい言葉でした。私たちはついに「Xデー」がやって来たことを知り、一斉に昭和天皇の崩御報道をスタートさせたのです。

このとき、嵯峨公元さんに特別にお願いしてお話を伺うことができました。それは驚くような内容でした。

「まずパレスホテルに行きます。そこで服を全部着替えるとお迎えの馬車で皇居に行き、宮殿「松の間」の棺が安置されている穴倉状の場所に入ってお通夜をするのです。そこには生き仏がいて、同居するわけです。とても疲れるのですが、それを決して口にはしません」

一般のご葬儀にあたる「大喪の礼」は、崩御から四九日後の二月二四日に行われました。葬場である新宿御苑には、皇族をはじめ海外約一六〇ヵ国の元首クラスまで一万人が参列しました。

そののち、新天皇陛下（上皇さま）と美智子さまは一年間の喪に服し、崩御に関する壮大な儀式は一年間にわたって行われました。国民もそれにならって経済活動を自粛。経済は停滞し、もろもろの儀式や墓陵の造営に莫大な費用が投じられました。

その一連の流れを体験された陛下と美智子さまは、「葬儀は国民生活に影響が少ない方が望ましい」と考えるようになりました。これが上皇さまと美智子さまの「終《しま》い方の方法」を探る出発点になったのです。

昭和天皇の棺を乗せた葱華輦（そうかれん）が225人の徒歩列を組みながら葬祭場へ向かう（1989年2月24日／©JMPA）

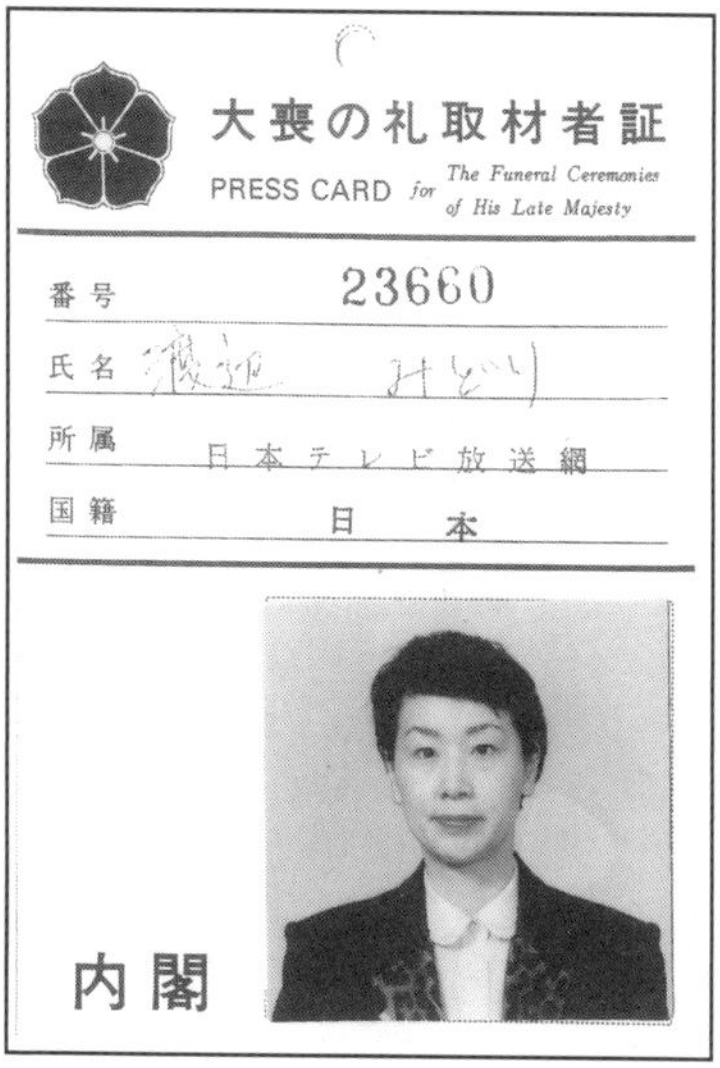

大喪の礼取材者証
PRESS CARD for The Funeral Ceremonies of His Late Majesty

番号　23660
氏名　渡邉　みどり
所属　日本テレビ放送網
国籍　日本

内閣

著者の昭和天皇崩御報道の取材者証。
崩御報道の総責任者を務めた（1989年）

## 壮大な昭和天皇の大喪の礼

昭和天皇が崩御されてから、葬儀に関連するたくさんの儀式が行われました。その儀式は、丸一年間にわたる壮大なものでした。皇族方が喪に服している間、国民の間にも明るい行事を控えようという自粛ムードが広がったのです。それは、経済活動を行う人々をはじめ、若い人たちにとってはとてもつらいことでした。

昭和天皇の葬儀の流れを、もう少し詳しくお話ししましょう。

一九八九年（昭和六四年）一月七日午前六時三三分、崩御。ただちに三種の神器《じんぎ》の一つの八咫鏡《やたのかがみ》を祀る賢所《かしこどころ》に奉告する「賢所の儀」、皇霊《こうれい》殿・神殿に「奉告の儀」、三種の神器のうち宝剣と神璽《しんじ》が新たな天皇に移る「剣爾《けんじ》等承継の儀」が行われました。これらは平成から令和の天皇にお代替わりする際にも行われましたので、みなさんにもおなじみですね。

翌八日に、平成と改元されました。お体は舟形の棺に奉安され、天皇皇后両陛下と皇族方がお傍近くで見守る槻殿《しんでん》祗候《しこう》を行います。これは何日も続くお通夜のようなものです。九日、新たな天皇が内閣総理大臣たちへ即位を宣言する「即位後朝見の儀」が行われ、棺をさらに二重に奉安します。

引き続き、一六日に「槻殿十日祭の儀」、二六日に「殯宮二十祭の儀」と一〇日ごとの祭祀が行われます。一九日からは、皇居・宮殿「松の間」の殯宮《ひんきゅう》という棺が安置してある傍に仕えます。棺は大喪の礼の日まで三七日間そこで安置され、お好きだった食事が毎日供えられました。その後もさまざまな儀式を経て、ようやく二月二四日に一般の本葬にあたる「大喪の礼」が行われたのです。崩御されてから四九日となっていました。

「大喪の礼」の日、御尊骸は三〇〇キログラムもある棺に納められ、葬場である新宿御苑に運ばれて、黄旗白旗などで華やかに彩られた輿《こし》「葱華輦《そうかれん》」に移されます。輿の上部に葱坊主のような飾りがついていることからこう呼ばれています。そして、琴の調べを伴奏に、亡くなられた先帝の生前の徳を讃え、その死を悼む誄歌《るいか》が流れるなか、二二五人の徒歩列が葬祭場に向かって行進します。

先帝の崩御後に、三種の神器を譲り受けた新たな天皇陛下はモーニング姿で、皇后となられた美智子さまは黒の参拝服にベールをかぶって、共に砂利道を歩かれます。先にお話ししたように、葬場には皇族と海外の元首・使節・大使たちが一六〇余ヵ国から集まり、国内からも国会議員や都道府県知事など併せて一万人もの人々が儀式の開始を待っていました。真冬に冷たい雨の降るなかでの儀式であり、新宿御苑に張られたテントで、雨風が吹きさらすなか参列者は長時間待たされたのです。

余談ですが、日本テレビ放送網の特別ゲストとしてお招きした『天皇』の著者

厳重な警備の中を葬場の新宿御苑に向かう霊柩
（1989年2月24日／©JMPA）

真冬の雨のなか、テントの中で葬儀開始を待つ参列者
（1989年2月24日／©JMPA）

の児島襄先生などは、「寒い寒い」とおっしゃって、「こんなときになぜ酒が出ないのだろう。神さまはお神酒《みき》がお好きなのに。体の中から温めなくては」と不満げなのです。そう言われてもお酒を出せるはずもなく、途方にくれたものでした。

さらに、当時としては最大規模の催しだったため、用地確保に大掛かりな準備を必要とし、一般の人は長期間公園を利用することができなくなりました。

午後四時、霊柩は東京都の八王子市にある武蔵陵墓地内の武蔵野《むさしの》陵《みささぎ》に斂《おさ》められ、新しい天皇陛下と美智子さまが外郭を土で覆われました。武蔵野陵は、古墳のような上円下方墳に土葬で埋葬するお墓です。教科書で学び、まるで歴史散策で行くような神代のころの古墳が、今、昭和天皇のお墓として存在していることに驚かされます。

この日、国内は休日となりました。公共施設などが休館となり、民間企業も休業するところが見られました。そののち天皇陛下（上皇さま）と美智子さまは一年間の喪に服します。晴れの行事は中止され、国民もそれにならってお祝い事や経済活動を控えたのです。それは、新天皇を内外にお披露目する、一九九〇年(平成二年)の「即位の礼」まで続きました。

さらに、このとき美智子さまの心に深く刻まれたことがありました。それは、葬儀と墓陵の造営に一〇〇億円ものお金がかかったこと、さらに自粛のために国民生活へ大きな影響を与えたということでした。

余談ですが、昭和天皇陵の前に建っている石柱の文字は、秋篠宮さまの手によるものです。ある日、

「みどりさん、いいものを見せてあげる。若くて勢いのある字でしょう」

と言いながら、高松宮喜久子妃殿下が私に拓本を見せてくださったのです。宮家の一つである高松宮家は、有栖川流の書道の伝え手でもありました。礼宮《あやのみや》(秋篠宮)さまは、幼少のころから折に触れて有栖川流の書を習いに高松宮さまのもとに通われていたのだというのです。それは礼宮さまの書を拓本にしたものでした。本体の石柱は白御影石に「昭和天皇武藏野陵」と刻まれ、昭和天皇の御陵の向かって右側に堂々と建てられています。

# なぜ土葬の陵はお金がかかるのか

昭和天皇の葬儀は、明治天皇以来の形を多少簡略化して執り行われたものでした。一九一二年（明治四五年）に崩御された明治天皇は、京都市の伏見桃山陵に埋葬されました。

次の御代の大正天皇と貞明皇后、昭和天皇と香淳《こうじゅん》皇后は武蔵陵墓地に埋葬されています。昭和天皇は上円下方の陵にお眠りになっています。上円部が二段、下方部が三段あり、面積は約二五〇〇平方メートルです。上円下方墳というのは、たとえて言えば四角いトーストに目玉焼きの目玉の部分だけを載せたような形です。陵の正面には鳥居を配し、まわりには昭和天皇が愛した植物が植えられています。

二〇〇〇年に逝去された香淳皇后も、昭和天皇陵の傍の約一八〇〇平方メートルの武蔵野東陵に土葬されています。ちなみに、大正天皇陵も同じく面積約二五〇〇平方メートル、貞明皇后も約一八〇〇平方メートルの陵に眠っています。これだけの規模のものを造営するのですから、高額になるのもうなずけます。

では、神代のころから、ずっと天皇の墓所は墳丘墓に土葬だったのか——というと、実はそうでもないのです。ここで、少し天皇家の歴史を振り返ってみましょう。

古《いにしえ》のころ、天皇家はその権威を示すために大きな陵を造りました。しかし、中央集権が進むとその必要はなくなります。宮内庁によると、飛鳥時代に大化の改新を行った中大兄皇子（のちの天智天皇）が葬儀を簡略化するようにというお触れ「薄葬令《はくそうれい》」を出します。天智天皇の娘で七〇三年に亡くなった持統天皇の葬儀は仏教の影響を受けて火葬で行われました。持統天皇は、火葬された最初の天皇となったのです。

その後、土葬と火葬の両方が行われた時代があり、平安時代末期以降は陵は寺院に方形堂や石塔などを建てることが主流となります。室町時代になり、一四三三年の後小松天皇から一六一七年の後陽成《ごようぜい》天皇まで火葬が続きます。

ところが、一六五四年、江戸時代の後光明《ごこうみょう》天皇の葬儀で土葬が復活します。葬儀は仏式で、京都の泉涌寺《せんにゅうじ》に九重塔を建てて陵とし、以後その形が定着します。幕末の一八六七年に行われた孝明天皇の葬儀からは、陵が円丘の高塚式に復されます。

明治時代になると、一九一二年の明治天皇の葬儀は神道式で行われ、陵は古代高塚式の上円下方墳となります。大正天皇が崩御された一九二六年には土葬を前提とする旧「皇室喪儀令」と陵の形態や規模を定めた旧「皇室陵墓令」が制定され、天皇と皇族は土葬を前提とした盛大な葬儀を執り行うことが決まりました。古代のような大きな陵になったのは、明治天皇が「神」としてあがめられるようになって以降のことなのです。

昭和になり、敗戦後の一九四七年にこれらの法律は廃止され、その六年後に亡くなった昭和天皇の弟の秩父宮さまは火葬されて文京区にある豊島岡墓地に埋葬されました。こののち、皇族は火葬となり、天皇と皇后が亡くなった際には旧「皇室喪儀令」・旧「皇室陵墓令」に近い形で葬儀が行われ土葬されるのが通例となっていました。しかし、古墳状の陵を造るには広大な土地が必要であり、昭和天皇と香淳皇后の陵の総工費は併せて約四四億円と膨大なものでした。

こういった歴史を踏まえて、上皇さまと美智子さまは「もしものとき」に備えて、ご自分たちで葬祭方法の希望を伝えようとお考えになったのでしょう。大正天皇と貞明皇后、昭和天皇と香淳皇后の四つの陵がある八王子市の武蔵陵墓地を参拝されるたびに、上皇さまと美智子さまはやがて来る代替わりについてご相談するようになったといいます。

しかしながら、お二人のお考えを叶えるためには、乗り越えなければならないさまざまな課題が待ちうけていたのです。

昭和天皇がお眠りになる上円下方の武蔵野陵
(©JMPA)

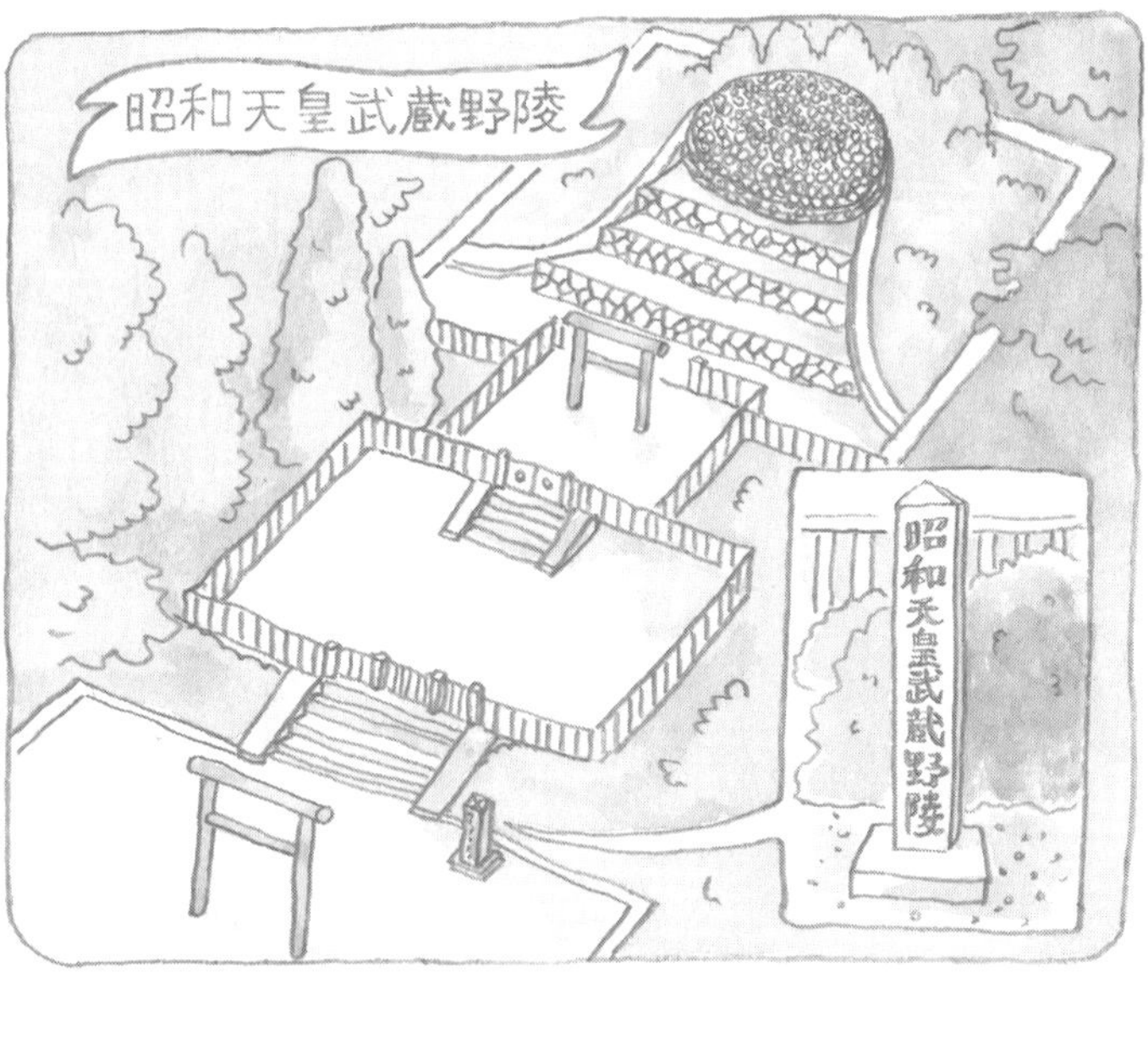

# 前方後円墳ではなく上円下方墳の理由

もう少し、陵のお話を続けましょう。

皇室に関する法律「皇室典範」では、天皇や皇后などの墓を「陵《りょう》」と呼び、皇族のものは「墓」と呼んで区別しています。

その天皇陵といえば、大阪府堺市にあって世界文化遺産として知られる仁徳天皇陵（大仙陵《だいせんりょう》古墳）を思い浮かべる人も多いでしょう。仁徳天皇陵は前方後円墳という鍵穴のような姿をしています。仁徳天皇陵は、四〇〇年代前半から半ばごろに造られたと考えられています。

六四五年の大化の改新を行った中大兄皇子は、「天皇や皇族の私有地や土地、豪族が持っている土地や人民を国のものとする」としています。また、中大兄皇子は翌六四六年に身分に応じて墓の規模を制限した「薄葬令」を定めたため、天皇陵はそれまでの巨大な前方後円墳から小規模なものになったのです。天智天皇（中大兄皇子）陵は、昭和天皇と同じ上円下方墳になっています。

その後、天皇陵は仏教の影響を受けてさまざまな形になりますが、明治天皇陵を造るときに、皇室にとって特別な存在であった天智天皇の御陵が模範とされたのです。

宮内庁によると、神話時代も含めて歴代天皇を一二四代の一二二人としたとき、そのうちの七三人が土葬、四一人が火葬、どちらかわからないものが八人だったといいます。

そのうち、天皇と皇后の合葬は、古代五三〇年ごろに実在したといわれる宣化《せんか》天皇と皇后の橘仲皇女《たちばなのなかつひめみこ》、天武天皇（大海人皇子）と后の持統天皇の二例のみとなっています。ちなみに、奈良県明日香村にある天武・持統天皇陵（檜隈大《ひのくまのおお》内陵《うちのみささぎ》）は、珍しい八角形の陵となっています。

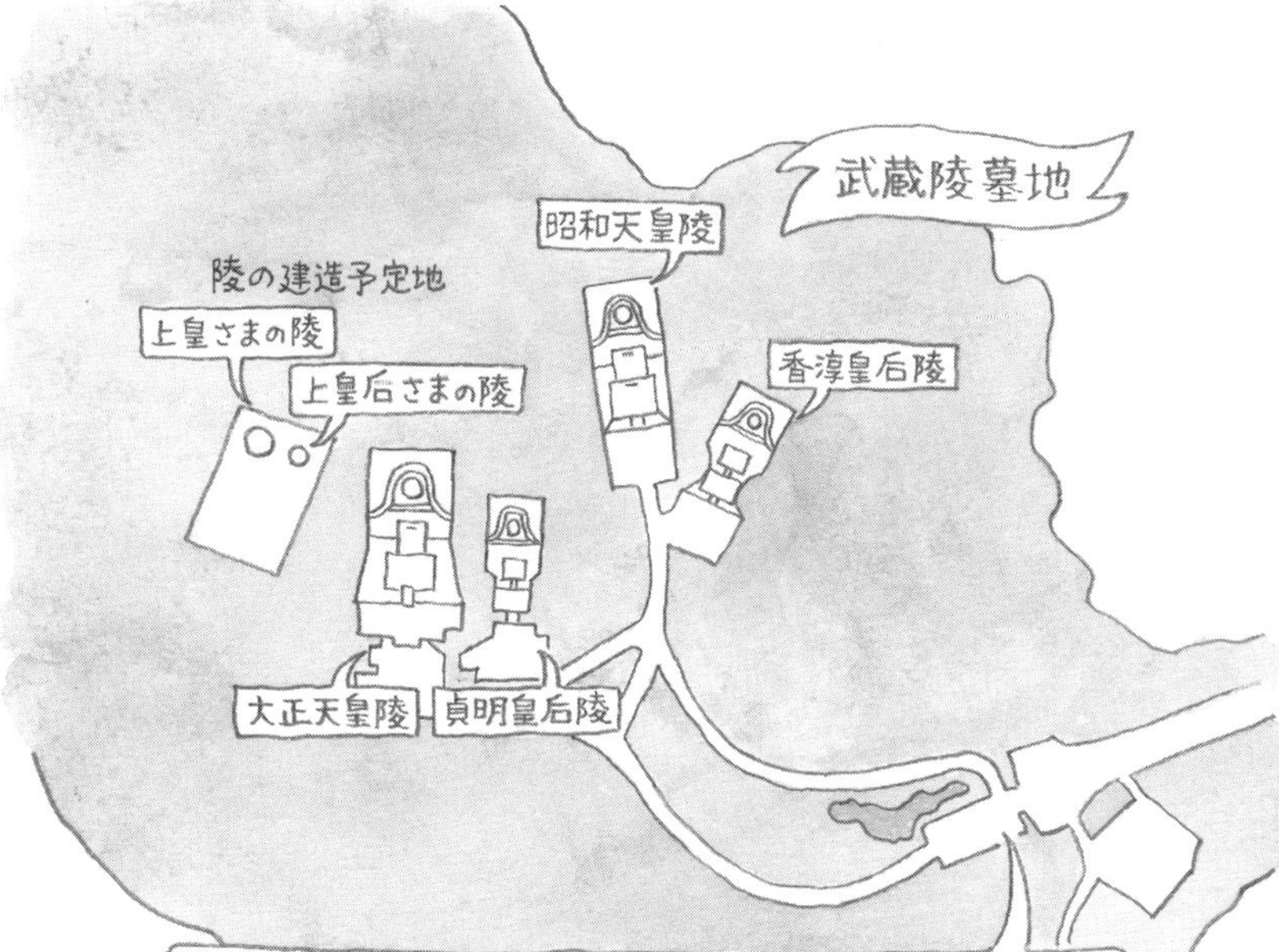
武蔵陵墓地
昭和天皇陵
陵の建造予定地
上皇さまの陵
上皇后さまの陵
香淳皇后陵
大正天皇陵
貞明皇后陵

正門からの眺め

天皇と皇后が一つの陵に眠る――このことは、のちに上皇さまのご希望として浮上することになります。上皇さまの想いに対して、美智子さまはどうお答えになったのでしょうか。それは第五章でお話しいたします。

## 国民の心をつかんだ感動の「御誄《おんるい》」

昭和天皇の葬儀が行われた一九八九年（平成元年）二月二四日は休日となり、多くの公共施設や一般企業が自粛しました。国民にとっては大変な負担となり不評と言って差し支えない雰囲気だったのです。

そんななかで、唯一温かい出来事がありました。それは、新天皇陛下が読み上げた一般でいうところの弔辞でした。それまでになかった、優しく父君への真心がこもったものだったのです。

憲法二〇条三項には、「国及びその機関は、宗教教育その他いかなる宗教的活動もしてはならない」とあります。憲法の「神道や仏教を含む特定の宗教と政治を分ける」という政教分離原則の定めにしたがい、葬儀は宗教色の濃い「葬場殿の儀」を皇室行事として、宗教色の薄い「大喪の礼」は政府による国の行事として行われました。ただ、一般的には「大喪の礼の日（御大喪《ごたいそう》）」として記憶されていることでしょう。

どちらも同じ日に行われるため、一般の人からは区別がつきにくいものでした。この政教分離についても、のちに上皇さまと美智子さまにとっては課題として残ることとなります。

轜車《じしゃ》（霊柩車）の葬列が皇居内を出発したところから、「大喪の礼」は始まりました。新宿御苑に到着すると、霊柩は輿《こし》（葱華輦《そうかれん》）に移され、皇宮護衛官が担いで徒歩で進みます。葬場に到着したところからは、皇室の儀式である「葬場殿の儀」となります。この「葬場殿の儀」が一般の本葬にあたり、「葬場殿の儀」と埋葬する武蔵野の陵所で行う儀式を併せて「斂葬《れんそう》の儀」となり、葬儀の一日を締めくくるのです。

そのなかで、新天皇（上皇さま）の拝礼と「御誄《おんるい》」が捧げられました。「御誄」は天皇家に伝わるもので、これが一般でいう弔辞にあたります。大正天皇の崩御の際に昭和天皇が読み上げた「御誄」は、文語体でとても難解なものでした。しかし、新しい天皇陛下のものは語りかけるような文体で、誰にでもわかりやすいものだったのです。

その全文をご紹介しましょう。

## 新しい天皇陛下の「御誄《おんるい》」

明仁《あきひと》謹んで御父昭和天皇の御霊《みたま》に申し上げます。
崩御あそばされてより、哀痛は尽きることなく、
温容はまのあたりに在ってひとときも忘れることができません。
槻殿《しんでん》に、また殯宮《ひんきゅう》におまつり申し上げ、
霊前にぬかずいて涙すること四十余日、
無常の時は流れて、はや斂葬《れんそう》の日を迎え、轜車《じしゃ》にしたがって、
今ここにまいりました。顧みれば、さきに御病あつくなられるや、
御平癒を祈るあまたの人々の真心が国の内外から寄せられました。
今また葬儀にあたり、国内各界の代表はもとより、

世界各国、国際機関を代表する人々が集い、
おわかれのかなしみを共にいたしております。
皇位に在られること六十有余年、
ひたすら国民の幸福と平和を祈念され、
未曾有の昭和激動の時代を、国民と苦楽を共にしつつ歩まれた御姿は、
永く人々の胸に生き続けることと存じます。
こよなく慈しまれた山川に、草木に、春の色は
ようやくかえろうとするこのとき、空しく幽明を隔てて、
今を思い、昔をしのび、追慕の情はいよいよ切なるものがあります。
誠にかなしみの極みであります。

——平成元年二月二四日

もの哀しい和琴《わごん》の調べが流れるなか、先帝の生前の功績や人徳を偲び讃えた「御誄」を、新天皇陛下がご自身で格調高く読み上げられました。誰にでもわかるやさしい言葉でご自分の気持ちを伝えた「御誄」は、それまでの歴史を塗り替えるほどのことだったのです。

新天皇陛下が「御誄」を捧げたのち、美智子さまはじめ皇族方の拝礼が続きました。全国のテレビやラジオ放送が報道特別番組を編成して中継し、大変な視聴率を挙げたこの日、多くの国民が見守るなかでのお言葉でした。

まさに新しい御代の訪れを実感させる、感動の出来事でした。国民に近い天皇家の姿を表したこの弔辞は、新天皇陛下と美智子さまがよくよくご相談のうえでお作りになったものにちがいありません。

第二章

# 新しい天皇家へ

## 国民に寄り添うために

第22回国民体育大会ご出席の際に埼玉県各地をご視察（1967年9月）

## ご自分の意思で民間から皇太子妃を迎える

明治時代、天皇は「現人神《あらひとがみ》」でした。昭和の時代も、天皇の名を讃えながら戦いました。第二次世界大戦が終わり、やがて来る新しい御代《みよ》のために、皇太子明仁さま（上皇さま）がまずされたことは、民間からお妃を迎えることだったのです。戦前まで、皇太子妃は皇族または特定家族である五摂家《ごせっけ》から選ばれることになっていました。しかし、明仁さまはご自分の意思で、国民の生活を知っている民間の女性を妃にしたいとお考えになりました。そして、このときから「新しい天皇家」が始まったのです。

「はじめに」で書いたように、私は日本テレビ放送網の新米ディレクターとして、皇太子継宮明仁《つぐのみやあきひと》親王と美智子さまのご成婚パレードの中継を担当しました。

しかし、実は、私が正田美智子さんの存在を知ったのは、もう少し前のことだったのです。

一九五五年（昭和三〇年）一月一五日、読売新聞が成人の日の記念特集として『はたちのねがい』という論文を募集しました。当時、早稲田大学の学生だった私も応募しました。私の論文は『神近市子《かみちかいちこ》の人権問題』でした。

ところが、私は第三次予選で落選。成績優秀な私の友人たちも、軒並み落選してしまいました。

この企画には四一八五作品もの応募があり、その激戦のなかで、第二位に入選したのが聖心女子大学二年の正田美智子さん、のちに皇太子妃となる美智子さまだったのです。正田さんの論文はイギリスの作家トーマス・ハーディの『テス』を題材にした作品で、タイトルは『虫くいのリンゴではない』でした。

入賞者発表から間もない二月五日の読売新聞朝刊によれば、第二位入選の正田美智子さんは、賞金二〇〇〇〇円のうちの半分を「社会事業の基金の一助に」と読売新聞社に送ってきたので、東京都民生局に寄託し、もう半分は母校の聖心女子大学に奨学金として寄附されたというのです。その精神はあまりにも崇高で、のちの皇后美智子さまの原点ともいえると思います。美智子さまは地位ある人の特別な義務、「ノーブレス・オブリージュ」をこのころから実践されていました。

「人のために自分に何ができるか」

と常に考え、実行されていたのです。皇太子妃になるずっと以前から、すでにみなみならぬお心をお持ちでした。それは正田家のしつけと家風と、聖心女子大学の教育によるものだったのでしょう。

天皇家に入られてからも、美智子さまは陛下とともに、常に「国民のため」「恵まれない人のため」に行動してこられました。国内のお出ましや被災地へのいち早いお見舞い、戦後長い間天皇陛下とともに続ける慰霊の旅の先々で、優しく人々を見守り励まし、多くの方たちの心に温かな想いを残しておられます。だからこそ、いつまでも国民の憧れの存在であり、愛されているのでしょう。

羽田空港より、タイ訪問に出発する
（1964年12月14日／©JMPA）

## 皇太子さまの夢を叶えるために

正田美智子さんが皇太子妃候補になると、皇族や旧皇族から大反対の声が上がりました。「民間から妃を迎えるなど、とんでもない」というのです。

では、なぜ皇太子さま（上皇さま）は、多くの反対にあいながらも美智子さまをお妃に選ばれたのでしょう。

もちろん、第一には、皇室の公務として諸外国へご訪問する際に助けになるであろう美智子さまの堪能な語学力、国内での行事やお出ましの際に必要とされる利発さなど、国民にとって必要な能力を備えていた人であったことでしょう。

けれども、もっと大事だったのは「皇太子さまの心の奥にある願いを叶えてくれるであろう人」という期待が込められていたことです。

戦前の天皇家では、子どもは両親の手元から離して育てる慣習がありました。子どもを両親の傍に長く置くと、養育にあたる人が親への遠慮から厳しいしつけができず、つい甘やかしてしまう。それでは将来、国政を誤る恐れがあるというのです。

皇太子さまは、このしきたりにのっとり、満三歳三ヵ月でご両親の元から離され、東宮家を設立されました。当時のご養育係は、のちにこう語っています。

「ほんとうにお気の毒さまだと思いました。あのお年で両陛下のお傍をお離れあそばし、ご兄弟さまともお離れになったのですから。それでも別に無理なことはおっしゃらず、宮中にお帰りあそばしたいというようなこともおっしゃいませんでした。それだけ、よけいにお気の毒さまでございました」

ご養育係は、三歳の殿下がわがままも言わずに砂場で一人遊びをしているのを見て、かわいそうだと思われたのでした。

年配の女性のご養育係や看護師などに囲まれて「けがをさせてはならない」と

過保護に育てられた皇太子さまは、学習院に入学されてからも体育は苦手でした。階段の上り下りすら怖がっていたそうです。

正田美智子さんが皇太子妃の有力候補となり、宮内庁から正田家への正式な交渉が始まると、正田家ではこの「恐るべき縁談」から娘を逃がすべく、ベルギーで開かれる世界聖心同窓会出席のためにヨーロッパに旅立たせてしまいます。五〇日の海外旅行から美智子さまが帰国すると、その翌日から毎晩、皇太子さまじきじきの電話でのプロポーズ作戦が始まりました。当時、皇太子さまが一般家庭に直接電話をかけるなどありえないことでした。

当時の心境を、美智子さまは友人への手紙にこのように書かれています。

「ご家庭なしでいままであそばしていらした東宮さまのいろいろなお話、そして、そんなにも家庭が欲しかったということをうかがいますと本当にうかがったときだけでなく、一人で思い出す時もいつも涙が出て仕方がございません。

『家庭を持つまでは絶対に死んではいけないと思いました』とお話しくださったとき、私はいままでの自分の見聞のなかにも、読みました小説の中にもこんな寂しい言葉はなかったと思いました。

そして、そのなかを二十五年間もけなげにお歩きになっていらした東宮さまのために乏しい力の全部をあげて温かいホームを作ろうと決心いたしました」

このときから、皇太子さまの夢は美智子さまの夢となりました。そうして、「温かいホーム、幸せな家族」を築いていく覚悟をなさったのです。

# 乳母をやめ、自分の手で子育てする

一九六〇年（昭和三五年）二月二三日、お世継ぎの浩宮徳仁親王《ひろのみやなるひと》（天皇陛下）がご誕生されました。美智子さまは皇太子さま（上皇さま）とご相談し、それまで続いてきた乳母制度をやめ、親子が同居してご自分たちの手で子育てをすることにしたのです。

この年は、日米修好通商条約一〇〇周年を記念するセレモニーに出席するため、九月にはアメリカに旅立たなければなりませんでした。乳母のしきたりをやめて母乳で育てる決心をした美智子さまは、それまでに離乳をすませておく必要がありました。

これは、美智子さまがこれからご公務をしていくためには、必ず乗り越えなければならないハードルだったのです。

美智子さまは、各方面と相談をし、綿密な「離乳スケジュール」を立てて実行していきました。

全母乳から、一日一回粉ミルクへ。そして少しずつ粉ミルクの回数を増やし、スープやリンゴジュースも加えていきます。

「ある日、そろそろ離乳食をということで、試しにトマトをつぶしてスプーンに乗せて差し出してみたんです。そしたら、宮ちゃまはペロッと召し上がってしまった。これには正直、びっくりしましたね。そのとき私は『皇室に新しい血が入った』と実感しました」

私が担当していた日本テレビの「婦人ニュース」にご出演いただいた佐藤久東宮侍医長（当時）の言葉です。それまで、宮さま方はどなたも離乳が遅く、それくらいの月齢でトマトを口にするなど考えられなかったそうです。

離乳は順調に進み、七月末には生後五ヵ月で離乳が完了しました。

フィリピンから帰国して、お留守番の浩宮さまをだっこされる
（1962年11月10日／©JMPA）

赤ちゃんは賢いものです。親がのんびり構えていれば、赤ちゃんも「甘えてよい」と判断します。

けれども、社会で働く母はそうはいきません。ときには身を切られる思いで、乳飲み子から離れる時間を取らなければならないのです。

佐藤東宮侍医長は、美智子さまを、

「こう申し上げては何だが、お利発な妃殿下でいらっしゃる」

と、ほめていらっしゃいました。

公務が無事終わり、御所に帰ってきた美智子さまは、看護師に抱かれて出迎えた浩宮さまに走り寄り、ぎゅっと抱きしめてねぎらわれたのです。

## 「ナルちゃん憲法」で育児方針を共有する

美智子さまがもっとも心配されていたのが、ご公務に出かけている間に保育している侍従や看護師などと、ご自分の育児方針が違ってしまうことでした。しつけ方が違っていたら、戸惑ってしまうのは子どもです。

そんなことがないように、美智子さまは育児方針をメモにして御所に残すというアイデアを思いつきました。文字にしておけば、必要な人が確実に目を通すことができるからです。やがてそれはルーズリーフで綴じられて厚くなり、「ナルちゃん憲法」と呼ばれるようになりました。「ナルちゃん憲法」には、美智子さまの豊かな愛情と知恵があふれていました。

いくつか内容をご紹介しましょう。

●お昼寝のときは、ブラウスの一番上のボタンをはずしてください。
●自分が投げたものは、自分で取りにいかせるように。軽く背中を押して「取ってきてちょうだい」と言ってください。
●小石をときどき口に入れるのでよく注意してください。もし、口に小さなものを入れたら、急にアッと言って近づくと、かえって驚いて飲み込んでしまうといけませんから、決して驚かさないように。手を入れて出したあとで「いけません」と言ってください。
●「ながら病」はできるだけ避けるように。例えば、靴を履くときなど、「靴を履いたらおんもね」と言って靴を履くことに集中させてください。
●お食事は山盛りよりも軽くよそっていただくように。「ナーイ」になったらたっくさんほめてあげてください。
●夜はしばらくベッドの脇についてあげてください。ときどき手を伸ばしてあげるとそれをいじりながら必ず眠ると思います。シーツを手繰りだしたら手はもういらないはずです。

## 自らキッチンに立ち家族のために料理する

浩宮さま（天皇陛下）、礼宮《あやのみや》さま（秋篠宮さま）、紀宮《のりのみや》さま（黒田清子《さやこ》さん）の三人のお子さまたちが生まれると、美智子さまは東宮御所にご自分の小さなキッチンをお造りになりました。

天皇家では、妃殿下が台所に立つなどという前例がありません。食事は大膳《だいぜん》という部署が調理するため、妃殿下たちは献立にご注文はなさっても、決して自分で作ることはなかったのです。ですから、ご自分のキッチンを持つというのはまことに画期的なことでした。提案から実現に至るまでは、相当の時間がかかったと伺っています。

そのころ、美智子さまが出された手紙が残っています。

「……お料理は、むつかしくても、ほんとうに楽しいものですね。一人で調理場の中をバタバタ歩きまわり、天火《てんぴ》をあけたり冷蔵庫をのぞいたり、最後の仕上げに時間がかかりそうなときなど、不安で胸がいっぱいになり、もう次から大膳に頼んでしまおうかと、いつものように決まってそう考えますのに、お客さまに喜んでいただき、東宮さまにほめていただくと、また吸い寄せられるようにお台所に入ってしまう自分が、おかしくなってしまいます。……」

東宮さまとは、皇太子時代の上皇さまのことです。このお手紙からは、妻として母としての幸福なご生活を一つずつ積み重ねていかれるご様子が感じられます。

こんなこともありました。

浩宮さまが初等科に通われているころ、学校にはお弁当を持って行きました。ある日のこと、昼食の時間に浩宮さまが隣席の子のお弁当のおかずをじっとご覧になるのです。

隣の子が「あげましょうか」と言って浩宮さまに一つ差し上げると、それを大変おいしそうに召し上がり、「もう一つ」と言って楽しまれたというのです。

次の日、隣席の子の家に東宮御所の美智子さまからお電話が入ったのです。その子のお母さまは「何ごとでしょう」と大変驚かれました。

「昨日、何か大変おいしいものをナルちゃんがちょうだいしたそうですが、その作り方をお教えいただきたいのです」

と美智子さま。そのお母さまは大変恐縮しながらお教えしたといいます。そのおかずとは、ワンタンの皮でチーズを包んで、油で揚げたものでした。きっとすぐに東宮御所のキッチンで、美智子さまがお子さまたちにそのおかずを作ってあげたことでしょう。


エプロンをつけた美智子さまが、キッチンに立ちお子さまがたがおねだりするお料理を作っていらっしゃる――。普通の家庭のように、温かみのある血の通っ

家族用のキッチンで手料理を作られるのは画期的なことだった
（1961年10月6日／宮内庁提供）

た親子の姿。若いころに上皇さまが夢にまで見た「温かいホーム」を、美智子さまは実現されていたのです。

しかし、もし乳母をやめて親子が同居して暮らすことがうまくいかなかったら、「それまでのしきたりを無視したからだ」と、古い皇室観を持つ人々からさんざんに非難されたに違いありません。

これは、ほかのすべての改革に関してもいえることでした。「温かいホーム」を作ることから始まり、これから上皇さまと美智子さまは周囲の理解を求めつつ、一つひとつ時代に合った新しい改革をしていきます。

しかし、それは常に古い時代のしきたりをよしとする人々からの厳しい目と裏腹のものだったのです。一歩間違えば、どれほどの非難を受けるかわからない。そして、その矛先は美智子さまに向けられます。その際どい雰囲気のなかで、これから上皇さまと美智子さまは手を携えて多くのことに取り組まれていくことになるのです。

## 膝をついて被災者の話に耳を傾ける

皇太子さま（上皇さま）と美智子さまは、機会あるごとに全国各地に足を運ばれました。同時に、災害があるとすぐに現地に向かい被災者をお見舞いされます。よいときも悪いときも隔てなく「国民に寄り添いたい」、というお考えによるものでした。

「全国豊かな海づくり大会」は、魚を食べる民である日本人の食卓に安全でおいしい水産食料を届けることを目的として、天皇皇后両陛下のご臨席のもとに一九八一年（昭和五六年）より、毎年全国各地で開催されています。

水産資源の保護や管理、湖沼や河川の環境保全の大切さを広く知ってもらうことと、つくり育てる漁業を推し進めながら、日本の漁業の振興と発展を図ろうとしているのです。

一九九七年（平成九年）一〇月五日、第一七回全国豊かな海づくり大会が岩手県大槌町で開催されました。大会の翌朝、浜を散策された陛下（上皇さま）と美智子さまは、リアス式海岸の特徴である「片寄せ波」をご覧になりました。そのとき、陛下は岩場に咲いていた野生のハマギクをとてもお気に召し、わざわざ大槌町から種を取り寄せ、皇居に蒔かれたのです。

御所の玄関の御車寄せには、大切に育てられた大槌町の真っ白なハマギクが美しく咲くのです。そのハマギクをご覧になり、美智子さまは月次詠進歌《つきなみえいしんか》でこのようにお詠みになりました。

## 菊

わが君のいと愛でたまふ浜菊のそこのみ白く夕闇に咲く

訪問先の方々とのふれあいを大事にされるお心が感じられます。大槌町とのご縁が深いハマギクの御歌は、美智子さまのご生家の跡地で、今は公園になっているお庭の石碑に刻まれています。

大槌町は、二〇一一年（平成二三年）の東日本大震災でとりわけ被害が大きかったところです。

もともと大槌町は、陸中海岸国立公園（現・三陸復興国立公園）の真ん中あたりのとても美しい海岸を持つ町でした。そこで陛下（上皇さま）と美智子さまは、稚魚の放流をされるなどの交流をなさいました。

全国豊かな海づくり大会の際にお泊まりになったのは、五階建ての浪板観光ホテル（現・三陸花ホテルはまぎく）でした。ところが、陛下と美智子さまが東日本大震災のお見舞いで訪れたとき、そのホテルは津波によって三階まで浸水して見る影もありませんでした。

東日本大震災復興状況視察のため、三陸花ホテルはまぎくにご到着
（2016年9月28日／©JMPA）

震災の爪痕を目のあたりにして、美智子さまはたいそう心を痛めたご様子でした。よいときも悪いときも隔てなく足を運んでくださる上皇さまと美智子さまのお姿はありがたく、被災された方たちはどれだけ励まされたことでしょう。

その後、浪板観光ホテルはリニューアルし、すっかり美しいホテルとなって営業しています。

避難所では、陛下と美智子さまは被災者の傍に行き、床に膝をつかれてお相手のお話に耳を傾けます。お一人とのお話がすむと、立ち上がってまた次の方の前で膝を折ってお話を伺います。そして、これを延々と繰り返されたのです。

そのように、じかに国民からお話を聞くようになったのは、上皇さまと美智子さまが初めてでした。もうすっかりおなじみのお姿ですが、それまでの天皇家の方々にはあり得ないことだったのです。

最初にお二人がこのような姿勢を取られたのは、一九九一年（平成三年）六月、長崎県雲仙・普賢岳で大規模な火砕流が発生し、四三人が死亡・行方不明になった大きな災害のときです。一ヵ月ほどたった七月一〇日、陛下と美智子さまが被災地に向かわれたのです。火山活動による火砕流が収まらないなかでの天皇陛下の慰問は、異例なことでした。避難所に着くと、陛下は靴を脱ぎ、体育館の床に直接膝をついて被災者と目線を合わせて言葉を交わされました。「天皇家が変わった」と感じさせる出来事でした。

大槌町の翌日にお見舞いで訪問した釜石市の避難所にいるとき、余震がありました。大音響をたてながらの大きな揺れに、ちょうど美智子さまとお話しされていた女性は驚き、美智子さまの手を握ってしまったのです。

すると、美智子さまはその手に優しくご自分の手を重ねられて、

「落ち着いてくださいね」

と言われました。そして、

「こうした地震は今もあるのですね。怖いでしょう。でも、大丈夫ですよ」

と、いたわり勇気づけられたのです。

## 「慰霊の旅」を続け人々の心を癒やす

サイパン島や硫黄島、沖縄といった第二次世界大戦の激戦地や、広島・長崎といった戦争の爪痕が残る場所へも、鎮魂と祈りの旅を続けるお二人は足しげくご訪問されたのです。それらは、象徴天皇のあり方をご自分たちで模索され、信念を持って実行された証しでした。

二〇一五年（平成二七年）四月八日から九日にかけての二日間、陛下（上皇さま）と美智子さまは太平洋戦争の激戦地、パラオ共和国を訪問なさいました。戦後七〇年にあたり、戦争を知らない世代が増えるなかで、戦争を忘れないようにと行動でお示しになったのでしょう。

激戦のあったペリリュー島の慰霊碑を訪れたお二人は、生存者や遺族たちが見守るなかで、はるばる日本から運んだ白菊の花を供養台に供えて深々と頭を下げられました。気温が三〇度前後もある現地で額の汗を拭おうともせず、遺族の方々の悲しみをやわらげて癒やそうとされるお気持ちがうかがえました。

これに先立ち、陛下（上皇さま）と美智子さまは戦後五〇年の一九九五年（平成七年）には長崎・広島と沖縄を、戦後六〇年にあたる二〇〇五年（平成一七年）六月にはサイパン島を訪れ、遺族ともお会いになりました。

戦争末期、サイパン島は南洋群島における絶対国防圏の最前線として、上陸してきたアメリカ海兵隊との間で激戦が繰り広げられました。追い詰められた日本人は、「天皇陛下万歳」と叫びながら、崖から身を投じたのです。

陛下（上皇さま）と美智子さまは、そのバンザイ・クリフが見える崖に向けて菊の花を投げ入れ、黙禱《もくとう》されました。旧日本軍守備隊が全滅した波打ち際では、生き残った衛生兵の大池清一さんが当時を再現しながら語る様子をうなずきながらお聞きになりました。そのお姿は、テレビのニュースや新聞で報道され、見ている人の心に深く刻まれました。

同じ夏のことです。

那須にご静養に行かれたとき、陛下（上皇さま）と美智子さまは紀宮さま（黒田清子さん）とともに、満蒙《まんもう》開拓の引き揚げ者が戦後那須の原野を開いて作った千振《ちふり》開拓地をお訪ねになりました。ちょうど那須御用邸には、秋篠宮さまと眞子さまがおいでになっていました。

そのとき眞子さまは、中学二年生。まだ少し早いかと思われましたが、お声をかけると、

「おばあさまから、藤原ていさんが書かれた『流れる星は生きている』をいただいて読んで知っています」

というご返事です。祖母（紀子さまの母）の川嶋和代さんは、ご自身が幼いころに満州からの引き揚げを経験されていたのでした。それを聞いて、美智子さまは

眞子さまも開拓地にお連れになりました。

同行された眞子さまは、初期に入植した方たちが穏やかに語る遠い日々の経験に、緊張して耳を傾けていたといいます。

美智子さまは、戦争はもちろんのこと、ご自分の経験や家族や社会にとって大切と思われる記憶について、次の世代に譲渡していく「経験の継承」が大事だとお考えになっています。美智子さまは、このことを長年にわたり祈りの旅を続けてこられたご自分の行動でお示しになっているのです。

そして、これらのことは次の天皇陛下と雅子さま、秋篠宮さまと紀子さまをはじめ、お孫さまたちにも受け継がれていくことでしょう。

広島・平和記念公園で原爆慰霊碑に献花する天皇陛下（上皇さま）と美智子さま
（1995年7月27日／©JMPA）

## 医療体制を変え、国民に健康状態を知らせる

陛下（上皇さま）と美智子さまは、さまざまな新しい取り組みをされてきました。そのすべての根底にあるのは、「国民に寄り添うこと、国民の負担にならないように」という想いです。それが「祈る皇室から、国民の中に入って行動する皇室へ」という変化として表れたのです。

国民の傍にお出ましになるためには、まずご自分たちの身体が健康でなければなりません。

そのため、お二人がとても大切にされたことの一つが、ご自分たちの体調管理でした。それまでとは医療体制を大きく変え、さらに、健康状態を常に国民にオープンにしていくことも心掛けていらしたのです。

平成に御代《みよ》が替わってから、医療も大きく変わりました。

ご成婚から三ヵ月目の一九五九年（昭和三四年）七月一五日、皇太子妃ご懐妊が報道されました。ご成婚の際のミッチーブームの興奮がさめやらぬころのことです。

「妊娠四ヵ月でご経過も順調。出産予定日は昭和三五年三月二日」と宮内庁が発表すると、国中は明るいムードに包まれました。

美智子さまは、当時、常磐松町にあった東宮仮御所（東京都渋谷区）の近くにある渋谷保健所で「母子手帳」を受け取りました。「母子手帳」を持つのは、皇族では初めてのことでした。この「母子手帳」におなかの赤ちゃんの成長記録を書き込むことを、美智子さまは何よりの楽しみにされていたのです。

出産予定日より一〇日ほど早い夜、美智子さまの陣痛が始まり、皇居内にある宮内庁病院のご静養室に入られました。

昔から、皇太子妃の産所は里方の邸内に設けられてきましたが、明治以降は青山御所、昭和の時代は皇居の中のご静養室があてられました。しかし、美智子さまの場合は、東宮仮御所が手狭のため、出産は宮内庁病院で行うことになったのです。そのため、病院という近代的な設備の中で出産された初めての皇太子妃となりました。

二月二三日、美智子さまは無事浩宮さま（天皇陛下）をご出産されました。体重二五四〇グラムの元気な親王の誕生でした。

「親王さまご誕生後、母子ともに健やかでいらっしゃいます」

山田康彦東宮侍従長の報告を聞いた皇太子殿下（上皇さま）は、美智子さまのお好きなコデマリとエリカの花束を持って宮内庁病院に駆けつけました。

「喜びで耳たぶまで赤みをおびて上気したお顔で、美智子さまのお見舞いに伺われた」

と、当時の担当記者が語っています。

ご出産四日目から、美智子さまはマスクをつけ白衣を着て、赤ちゃんをお抱きになって授乳を始められました。

陛下と美智子さまの医療も変わりました。毎年一度、本格的な人間ドックを受けるようになったのです。これも天皇家では初めてのことでした。それまでは侍医が朝と夕方に体温などをチェックしていました。

「玉体（天皇の身体）は自然に任せる」という考え方によるものでした。

その後、陛下が前立腺がんの手術や心臓バイパスの手術を受けられたのも東京大学医学部付属病院でした。侍医ばかりでなく、そのときどきで最高の専門的な治療を受けるようになったのです。「必要な医療を適切な場所で」というお考えによるものでした。

## 何気ない行為一つひとつの積み重ね

お出ましの際やお住まいの庭を散策される上皇さまと美智子さま。にこやかに手を振り美智子さまの右手は、いつも上皇さまの左腕をお支えしています。お二人で並んで草や木をご覧になってお話しされながら、ゆっくりと歩みを進めます。

何気なく見えるご様子ですが、これもお二人が初めてなさったことの一つです。それまでの皇后さまがたは、天皇陛下の数歩後ろを歩くものでした。昭和天皇のころには、香淳皇后と並んで歩くなどということはほとんどありませんでした。まして、腕を組んだり手を繋いだりすることはもちろんのことです。

侍従や出入りの御用を務める人たちを「さん」づけで呼んだのも、皇太子妃になられた美智子さまが初めてでした。

ご婚儀のときの美智子さまのお帽子をすべて作ったのは、麴町（東京都千代田区）にある皇室御用達の帽子店「ベル・モード」。美智子さまの晴れの日を飾る帽子は二〇個ほど。どれも精魂込めた作品でした。ミッチー・ブームが起こり、美智子さまがご愛用された小さなボンネット帽も大流行したのです。

私がテレビの取材で「ベル・モード」の筒井君子さんにお話を伺ったことがありました。美智子さまは、筒井さんたちのことを必ず「ベル・モードさん」と「さん」づけでお呼びになるというのです。

美智子さまのお帽子を作りはじめて数年たったある日、いつものように君子さんは夜七時頃に仮縫いのために東宮御所にあがりました。

「美智子さまのお部屋で、新しい帽子の打ち合わせをしていると、三歳か四歳くらいの宮さまが、お休みの挨拶にいらしたんです。『おやすみなさい』と礼宮さま（秋篠宮さま）が美智子さまにかわいらしい声でご挨拶すると、美智子さまが

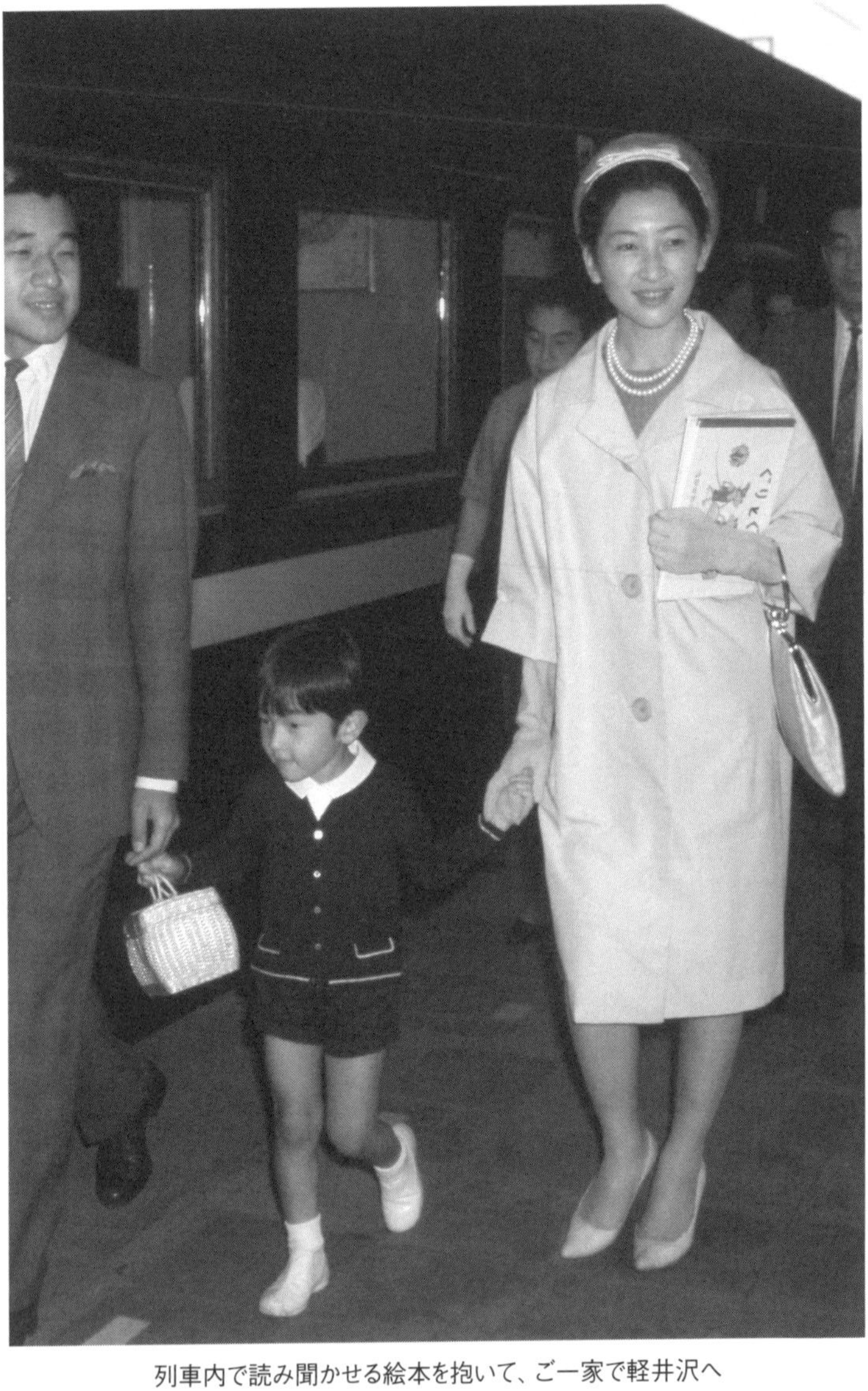

列車内で読み聞かせる絵本を抱いて、ご一家で軽井沢へ
（1964年9月4日／©JMPA）

こうおっしゃいました。『ベル・モードさんにご挨拶は？』。すると礼宮さまは少し恥ずかしげな表情を見せられながら私の方を向いて、『おやすみなさい』としっかりご挨拶なさったのです」

それまでの天皇家の方々は、出入りの人を呼ぶのにも名字の呼び捨てが普通だったのです。美智子さまに「さん」づけで名前を呼んでもらった天皇家に係る多くの人たちからは、新鮮な驚きと好感を持って受け止められました。

美智子さまがご結婚されて、天皇家はぐっと私たちに近い存在になりました。しかし、「皇室を改革しよう」などと意気込んでおられたわけではないのです。何気ない行為の一つひとつの積み重ねだったと思います。

# 第三章 即位・終《しま》い方への模索

帝国ホテルで行われた
世界の子供服展にて
（1970年4月28日／©JMPA）

# 即位から終い方が始まる

一九八九年（昭和六四年）一月七日の昭和天皇崩御後すぐ、その日のうちに皇太子明仁さま（上皇さま）は天皇の位を受け継ぎました。三種の神器《じんぎ》の一つ、八咫鏡《やたのかがみ》を祀る賢所《かしこどころ》への奉告「賢所の儀」と三種の神器のうちの宝剣と神璽《しんじ》が新しい天皇に移る「剣璽《けんじ》等承継の儀」を持って践祚《せんそ》されたのです。

そして、「大喪の礼」の諸行事が滞りなくすみ、一年間の喪が明けた一九九〇年（平成二年）一一月一二日、皇居正殿にて「即位の礼」の中心儀式である「即位礼正殿の儀」が厳かに行われたのです。

「即位礼当日賢所大前の儀」は、平安時代前半の八二〇年、嵯峨天皇の詔《みことのり》で天皇の神事の際の御服は「帛《はく》の御衣《おんぞ》」と定められたとおりに、天皇陛下（今の上皇さま）は純白の御服《ごふく》をお召しになりました。「帛」とは、神に供える白い絹のことをいい、古来もっとも貴い色とされています。

美智子さまも同様に、真っ白な絹の十二単《じゅうにひとえ》をお召しになりました。帛《はく》の御《おん》五衣《いつつぎぬ》に御唐衣《おんからぎぬ》、腰から後ろに御裳《おんも》をつけられ、長袴だけが薄紅色の平絹で女性らしい優しい色合わせです。髪は大垂髪《おおすべらかし》に銀の沃懸地蒔絵無紋《いかけじまきえむもん》の額櫛《ひたいくし》、銀の釵《さい》子《し》と簪《かんざし》をさした清らかなお姿でした。

そして、この日から新天皇陛下と美智子さまは「平成流」と呼ばれるさまざまな改革に本格的に取り組まれることになります。

「即位礼正殿の儀」において、新しい天皇陛下は国の内外に即位を広く知らしめました。昭和天皇の崩御からすでに二年近くの歳月が流れていました。

その数日前の一一月上旬、新しい天皇陛下は「即位の礼」を迎えるにあたって、

「喪儀と即位に関する行事が同時に進行するのは避けたい」

と述べられたということです。

当時の側近の日記によると、昭和天皇の葬儀は亡くなる半年ほど前の体調がかなり悪化した時期になってから、側近が葬儀の具体的な相談を始めたといいます。しかし、それでは前例のままに踏襲するのが精一杯で、「国民の生活への影響が少ないのが望ましい」という上皇さまと美智子さまのお考えに反することになってしまいます。そのため、葬儀についても早くから取り組まなければならない課題ととらえられたのです。


天皇家が初めてのことをするためには、多くの関係各所と調整をしていかなければなりません。例えば、天皇陛下の側近には、ほかの省庁との交渉や公式行事などを取り仕切る表のトップと、身近にいてお仕えする裏のトップがいます。

表のトップは宮内庁長官で、毎月二回、記者会見をする広報担当でもあります。直接発言をすると影響力が大きすぎる天皇陛下に代わって、国民に向かって

皇居宮殿松の間にて行われた平成の「即位の礼正殿の儀」、
高御座に明仁天皇（上皇さま）と御帳台に美智子さま
（1990年11月12日／宮内庁提供）

説明をする大きな役割を担っています。裏のトップは侍従長で、常にお傍にいてご相談相手を務めます。

こういった周りの人々の理解を得たのちに、国ともすり合わせをしていく必要があります。何かを変えるためには、長い時間がかかるのです。言い換えれば、かなり前から慎重な準備を重ねていく必要がある——。ご成婚から三〇年ほどの時がたち、そういった流れも十分ご存じのお二人でした。

# 銀婚式で「努力賞」「感謝状」を贈りあう

これまでに大きな明るい記念日がありました。それは、一九八四年(昭和五九年)四月九日のご結婚二五周年の銀婚式です。それに加えて、二〇〇九年(平成二一年)四月一〇日に行われた金婚式、この二つの記念日についてお話しいたしましょう。

銀婚式をお迎えになったおりに、皇太子さま(上皇さま)はこのような御歌をお詠みになりました。

**銀婚式**

契りしは二十五年の昔なり瞼に浮かぶ花に満ちし日

皇太子さまは銀婚式を迎えた記者会見で、

「美智子を妻に選んで幸せでした」

とおっしゃいました。夫から「自分を妻に選んで幸せだった」と言われるのは、女性として何にもまさるうれしい言葉です。


さらに、記者がこう尋ねました。

「妃殿下に妻、母親として何点くらいお付けになりますか？」

すると皇太子さまは、

「長い年月にわたって私を大切にしてきましたし、子どもたちも明るく育っていきます。点を付けるのは難しいけれども、まあ、努力賞というようなことにしようかと思っています」

会場内はほのぼのとした笑いに包まれました。それを受けて美智子さまも、

「私も差し上げるとしたら、お点ではなく感謝状を」

この機転の利いたお言葉に、記者たちも両殿下も笑いをこらえきれず、ご一緒

になって笑われました。なんと息の合ったご夫婦のやり取りでしょう。

記者会見では、このほかに、

「一般家庭から皇室にお入りになってのご苦労は？」

というものもありました。この質問に、美智子さまは、

「いろいろな方から尋ねられますが、私にはこの結婚の経験しかないので、とくに苦労が多いのかどうか比べることはできません」

とお笑いになりました。


この年、私は日本テレビ放送網の報道局チーフディレクターとして『美智子妃殿下　想い出のパレードから二十五年　皇太子ご夫妻銀婚式に捧ぐ』という特別番組を任されました。

私は天皇家と正田家のご親族の代表インタビューを実現させるため、およそ半年もかけて準備していたのです。

天皇家からは、高松宮喜久子妃殿下（当時）にお話を伺うことができました。

「あるとき、私の亡くなった母にお供えしたいので東宮御所の桜の枝を所望しましたら、それ以来、毎年、桜の頃になると届けてくださるのよ。大変気を遣っているから、それであんなにお瘦せになるのね。おしおらしいことで……」

「しおらしい」というのは、「けなげでいじらしい」といった意味ですが、「おしおらしいこと……」という言葉を、私は何か別世界のような新鮮な気持ちで聞いたのを覚えています。

美智子さまのご実家、正田家からは、美智子さまの弟の正田修さん（当時・日清製粉常務取締役。現・日清製粉グループ本社名誉会長相談役）にお話を伺うことができました。日本橋（東京都中央区）の日清製粉の役員応接室での単独インタビューです。

正田修さんは弟の目線から、若き日の美智子さまを、

「明るく、人が集まってくるお茶目な姉貴でした。中学のときは英語の家庭教師

をしてもらいました」

と言ってから、ゆっくりと、

「いや、していただきました」

と言い直しました。さらにこう付け加えました。

「ご成婚当時、自分はまだ高校生でわからないことが多かったのですが、逆に年月が経つにつれて、当時の両親は大変だっただろうなあ、と思うようになりました」

修さんは、テレビカメラに向かって、思いやりを込めて語ってくれたのです。

## 結婚五〇年の金婚式には一〇〇組の夫婦とお茶会

上皇さまと美智子さまが心掛けていた「国民の傍にある皇室」を印象づける催しがありました。それは二〇〇九年（平成二一年）四月一〇日のご結婚五〇周年の金婚式でのことでした。

五〇年前、お二人のご成婚にあやかって挙式したカップルは二万組もいたといいます。そこで、陛下（上皇さま）と美智子さまは、同じく二〇〇九年に結婚五〇周年を迎える一〇〇組の夫婦をお茶会に招かれたのです。夫婦は各都道府県からまんべんなく推挙されました。

これは英国のエリザベス女王が、やはり結婚五〇周年を記念して開催したお茶会をヒントにしたといわれています。ともあれ、日本では史上初のチャレンジであり、たいそうな話題になりました。

会場は、通常は各国からの賓客をもてなす主会場で宮中晩餐《ばんさん》会が行われる皇居・宮殿「豊明殿」です。

男性と女性が五〇年連れ添って、仲睦まじく過ごしていること。当たり前のようでいて、実はなかなか難しいものです。そんな世の中にあって、ともにある夫婦の喜びの時間を、国民とともに祝いたいと願った陛下（上皇さま）と美智子さまだったのです。


記者会見では、冷静沈着な陛下（上皇さま）が過ぎし五〇年を振り返って、

「結婚五〇年をほんとうに……」

と話されたところでお顔が紅潮し、感極まって声を詰まらせるシーンも見られました。一息ついて、

「感謝の気持ちで迎えます」

と、美智子さまを見つめられたのです。

そして、公私にわたって支え寄り添ってくれたこと、昭和天皇をはじめ家族を大切にしてくれたこと、家庭生活を経験しなかった自分とのギャップを静かに受け入れてくれたこと、二人のそれぞれのあり方について、何でも話し合えたこと、いつも生活に笑いがあったことを感謝されたのです。

その陛下（上皇さま）のお言葉を、一〇〇組のご夫婦は自分たちの幸せのように聞いたことでしょう。

そうして「国民の傍にある皇室」を願うとき、陛下（上皇さま）と美智子さまは、やがてやって来る将来の大きな課題から目をそらすことはできなかったのです。

## 皇太子浩宮さまと雅子さんの恋

ちょうどご即位のころ、明るいニュースがありました。陛下（上皇さま）の跡継ぎである皇太子浩宮さま（天皇陛下）に、縁談の話が持ち上がったのです。

一九八九年（平成元年）九月二八日、当時、日本テレビ放送網のディレクターをしていた私は、浩宮さまのオックスフォード大学時代の卒論『一八世紀におけるテムズ川の水上交通』を映像化するため、英国で取材をしていました。

取材を終えて、明日は東京に帰るという日のこと。私が勤務していた日本テレビの支局長から突然の要請がありました。

要請とは、そのころオックスフォード大学ベーリオールコレッジで国際関係論を研修中の小和田雅子さん（当時）に関してのことでした。

「実は、明日、大学の寮から町のアパートに引っ越すという情報があります。そこで張り込みをお願いしたい。渡邉さんならどこの局よりも早くニュースに追い込めるから」

というのです。


たまたま私が東京から持参していたテレビカメラは、NTSC方式のものでした。英国はPAL方式で走査線の数が異なるため、録画した映像は、NTSC方式に変換しなければ日本では放送できません。幸運なことに、私が持参したカメラを使えば変換の必要がないため、衛星を利用して日本に映像を送ることができ、どこよりも早く放送できるのです。

すぐさま私たち取材クルーはオックスフォードに引き返し、雅子さんの住むアパートの前に張り込みました。

夜半からの張り込みで寝不足のなか、夜が白々と明けていきます。驚いたことに、見回すとテレビ局三社、週刊誌一社のほか外国メディアも張り込んでいたのです。

午前一〇時すぎ、レンガ造りのアパートから、ブルーグレーのトレンチコートのベルトをきりりと結んで、緊張した面持ちの雅子さんが現れました。大きな瞳とオレンジ色の口紅。テレビ映えするメイクを、今でも私ははっきり覚えています。

カバンを持って足早に歩く雅子さんを、覆いかぶさるようにして追いかける三台のテレビカメラ。雅子さんは、およそ二五〇メートルも追いかけてくる取材陣を振り切るように、日産日本問題研究所の一階にある図書館に入っていったのです。その後、取材陣のインタビューに対し、雅子さんはきっぱり否定しました。

「私はお妃問題には一切関係ございません。外務省の研修生として研修しております。外務省の省員としてずっと仕事をしていくつもりでおりますので、そういうことでご理解いただきたいと思います」

なんとはっきり意思表示ができる女性なのでしょう。しかも、さわやかな印象なのです。しっかりこちらを見据える知性あふれるまなざしに、私は同じ女性として好感を持ちました。

一九九〇年（平成二年）、オックスフォード大学で国際関係論を専攻した雅子さんは、修士課程を終えて六月二〇日に帰国。外務省での所属は、北米局北米第二課となりました。そこで同僚の男性と同等以上の仕事に取り組んでいたのです。バリバリの女性外交官として着々と実績を積み上げ、浩宮さまとは別々の道を歩んでいくようにも見えました。

同じころ、報道各社は浩宮さまのご結婚相手をスクープしようと、しのぎを削っていました。時の流れとともに、何人ものお妃候補が浮上しては、消えていきました。

## 浩宮さまの決心「皇太子妃は雅子さんに」

浩宮さま（天皇陛下）は三一歳になり、一九九一年（平成三年）二月二三日、「立太子の礼」（公式に皇太子に定める儀式）に臨まれました。この日から、浩宮さまは次の天皇となる皇太子になられたのです。

しかし、浩宮さまは雅子さんへの秘めた想いを断念できませんでした。

「小和田さんでは、だめでしょうか」

ついに決心された浩宮さまは、ご自分から宮内庁関係者にこう申し入れをしたのです。しかも皇太子の異例の訴えは、平成三年中だけで一度ならず、三回もあったといいます。

これを受けて、浩宮さまのまわりでは、水面下で行動を始めました。藤森昭一宮内庁長官の依頼で、柳谷《やなぎや》謙介国際協力事業団総裁（当時）が小和田家への接触を始めたのです。

柳谷さんは外務省のOBで、父の小和田恆《ひさし》さんの八年先輩であり、家族ぐるみの交際がありました。雅子さんが外務省に入省した当時、柳谷さんは外務省の事務次官。仲介を依頼した藤森宮内庁長官とも、次官と内閣官房副長官という関係で面識があり、宮内庁と小和田家にとってぴったりの密使だったのです。

その年の日差しのまぶしい八月のこと。浩宮さまと雅子さんは、柳谷さんの自宅で再会を果たしました。雅子さんが海外留学で日本を離れてから、実に四年一〇ヵ月の歳月が流れていました。

JR市ヶ谷駅にほど近い柳谷邸の二四畳のリビングルームで向かい合われた浩宮さまと雅子さま。お二人はお互いが留学していたオックスフォード大学の思い出やスキーなどの話題に花が咲き、その語らいは夕刻まで続きました。

そして、それから一ヵ月半後の一〇月三日。千葉県の新浜鴨場《しんはまかもば》で、浩宮さまは、積もり積もった想いを込めて雅子さんにプロポーズをされたのです。

皇太后さまに婚約の挨拶をするため吹上御所に向かわれる
皇太子さま（天皇陛下）と雅子さま（1993年4月28日／©JMPA）

## 国民の心をつかんだ美しい雅子さんの婚約会見

外交官として、世界を相手に仕事をするのが夢だった雅子さん。やがて留学先の英国オックスフォードから帰国し、一九九二年（平成四年）八月、皇太子浩宮さま（天皇陛下）と四年一〇ヵ月ぶりに再会します。その一ヵ月半後、浩宮さまはついに雅子さんに告白したのです。

「外交官として仕事をするのも、皇族として仕事をするのも、国のためという意味では同じだと思います」

浩宮さまはこうおっしゃったといいます。

翌年一月六日、皇太子浩宮さまのご結婚内定のニュースが一斉に報道されました。

その日のロンドン発の日本航空四〇二便に積まれた読売新聞国際衛星版には、御用納めの日の雅子さんの写真が掲載されました。雅子さんが持っているのは、ひときわ目立つ大きなキャリアバッグ。その写真は、現代の国際化時代に向けて「皇太子妃は外交官という一流のキャリアの持ち主である」ということを印象づけるものでした。

いよいよ婚約会見の日。雅子さんは、レモンイエローのアンサンブルコートに同じ色のワンピースとカクテルハットという、目にも鮮やかな装いです。一月一九日一二時一一分、雅子さんが目黒区の自宅玄関に姿を現すと、詰めかけた報道陣からため息がもれました。父の小和田恆さん、母の優美子さんとともに宮内庁差し回しの車に乗った雅子さんは、ちらりと家の方に視線を投げかけました。やがて車は皇居乾門《いぬいもん》に入り、雅子さんと両親は浩宮さまと対面し、続いて天皇陛下（上皇さま）と美智子さまと歓談されました。

浩宮さまと雅子さんは、元赤坂の東宮御所に向かわれます。東宮御所には、二〇〇人を超す報道陣と生中継のカメラが、お二人の到着を待ち受けています。お二人の婚約会見の模様をかいつまんで再現してみましょう。

東宮仮御所での婚約会見の日に。左から父小和田恒さん、母優美子さん、雅子さま
（1993年1月19日／©JMPA）

## 「本当に私でよろしいでしょうか」

――皇太子さま（天皇陛下）のプロポーズと時期、その言葉、また雅子さんの返事の時期と言葉は、どのようなものだったのでしょうか。

**浩宮さま**　それは一〇月三日に千葉県の鴨場で、雅子さんに「私と結婚していただけますか」と申しました。そのときの答えは、はっきりしたものではなかったわけです。その後、一二月一二日にこの仮御所に来ていただいて、「私からの申し出、受けていただけますか」と申しまして、それを受けていただいたというわけであります。

**雅子さん**　一二月一二日は、私からはまず殿下に「本当に私でよろしいでしょうか」と伺いました。それに対して殿下が「はい、そうです」とお答えくださいましたので、私から次のように申し上げました。

「私がもし殿下のお力になれるのであれば、謹《つつし》んでお受けしたいと存じます。これまで殿下にはいろいろ大変幸せに思えること、うれしいと思えるようなことも言っていただきましたので、その殿下のお言葉を信じてこれから二人でやっていけたらと思います。お受けいたしますからには、殿下にお幸せになっていただけるように、そして、私自身も自分で『いい人生だった』と振り返れるような人生にできるように努力したいと思います。至らないところも多いと思いますが、どうぞよろしくお願いいたします」。このように申しました。

――外交官という職業を捨てることに悔いはありませんか。また、皇室入りを決意させたものは何でしょうか。両陛下、皇太子さまから不安をぬぐいさるようなお言葉はありましたでしょうか。

**雅子さん**　六年近く勤めた外務省を去ることに、寂しさを感じないと申しましたら、うそになると思います。外務省では大変やりがいのある仕事もさせていただいておりましたし、大変学ぶべきところの多い尊敬すべき先輩や同僚にも恵まれて、とても充実した勤務でございました。

でも、昨年の秋、本当にいろいろと考えた結果、今、私の果たすべき役割というのは、殿下からのお申し出をお受けして、皇室という新しい道で自分を役立てることなのではないか、と考えましたので、決心したわけです。今、悔いはございません。

考えている過程で、殿下からは、私の心を打つような言葉はいくつかいただきました。

その一つは、これは一一月の後半だったと思いますが、「皇室に入られるには、いろいろな不安や心配がおありでしょうけれども、雅子さんのことは僕が一生全力でお守りしますから」とおっしゃってくださいました。

一二月の初めには、「十分、どうぞ十分お考えになってください」と。ご自身も「大変悩んだ時期がありました」とおっしゃられたので、私が「何をお悩みになられたのですか」と伺いましたら、「僕としては、雅子さんに皇室にぜひとも来ていただきたいと、ずっと思っているけれども、本当に雅子さんのことを幸せにして差し上げられるんだろうか、ということを悩みました」と言われました。

そのような皇太子殿下の真摯《しんし》な、大変誠実なお言葉をいただいて、そういうお気持ちを私としては、大変幸せに思うことができました。私にできることでしたら、殿下のことをお幸せにして差し上げたいと思った次第でございます。

両陛下からのお言葉ということですが、殿下からは私がもしお受けすることになったら、「両陛下も温かくお迎えする」と、おっしゃってくださっているということがございましたので、私にとって、大変大きな励みではございました。

——雅子さん、殿下の男性としての魅力はどのような点でしょうか。具体的に、率直に、ご遠慮なく。

**雅子さん**　やはり、大変忍耐強くて、根気強くていらっしゃること、勇気がおありになること。そして、すごく思いやりがある方ということだと思います。

——お二人は、ふだんはどう呼び合っていますか。会話が弾む共通の話題は何でしょうか。

**浩宮さま**　今のところは、「雅子さん」と呼んでおります。

**雅子さん**　私からは「殿下」と、お呼びしております。

**浩宮さま**　これから、呼び方は考えていこうと思っております。共通する話題は、彼女も非常に興味の範囲が広いもので、例えば音楽の話、スポーツの話題、歴史、それから政治経済に至る幅広い分野です。とにかく非常に、話をしていて、楽しいというのが私の印象ですね。

**雅子さん**　あとは、動物の話と、それから何かしら、子どもの頃やったいたずらの話とか。

**浩宮さま**　動物の話なんかも一緒にすることがありますね。

――雅子さん、お料理ですとか、いわゆる花嫁修業はどうなっていますか。

**雅子さん**　これからだと思います。以前お料理は少し、まあ楽しみで習っていたことがあるのですけれども、本格的に花嫁修業というかたちではございませんので、これから少し……。

会見は、およそ一七分間で終わりました。興奮冷めやらぬ雰囲気のなか、ついさっきまでお二人が座っていた椅子の後ろに目をやると、梅の絵がかかっています。文化勲章を受章した西山翠嶂《すいしょう》画伯の『紅梅白梅』です。

浩宮さまの母、美智子さまの大好きな梅の花。その名画は、婚約発表という晴れの行事にふさわしい華を添えていました。そうして、これからお二人は婚礼の儀式に向けて準備を進めていったのです。

愛子さまを抱いて宮内庁病院を退院される雅子さま
（2001年12月8日／©JMPA）

## 初恋を貫かれてご結婚へ

「雅子さんのことは僕が一生全力でお守りしますから」

一九九三年（平成五年）一月一九日、皇太子浩宮さま（天皇陛下）と雅子さんの婚約会見が開かれました。雅子さんは、浩宮さまの誠実な言葉に心打たれたといいます。そうして、浩宮さまと雅子さんは、ご結婚に向けて歩んでいくことになりました。

婚約会見に臨まれた皇太子さまの印象は、実にすばらしいものでした。そのりりしさ、誠実さ、落ち着いた純粋培養ともいえる真摯な態度は、美智子さまの家庭教育のたまものであると思います。

雅子さんに一目ぼれしてから、初志貫徹してご婚約されるまでに七年という歳月が流れました。美智子さまが子育てで最も大切にされていたのは、「やり始めたことは、最後までやり抜く」ことでした。プロポーズして、たとえ一度や二度断られても、体勢を立て直して目標に向かって再びチャレンジする皇太子さまの粘り強い性格は、美智子さまの教育によるものでしょう。

ちょうどそのころ、一月一四日に皇居・宮殿「松の間」で、新春恒例の皇室行事「歌会始《うたかいはじめ》」が行われました。平安時代の雅《みやび》を今に伝える優雅な催しです。その年の御題は「空《そら》」。浩宮さまは、このような歌を詠まれました。

大空に舞い立つ鶴《たづ》の群《むれ》眺《なが》む幼な日《び》よりのわが夢かなふ

初恋を成就された皇太子浩宮さまは、ご自分のお気持ちを和歌に託され、おおらかに、そして正直に詠まれたのです。昔から鶴はめでたい鳥とされ、「鶴は千年、亀は万年」などといって長寿の象徴と考えられてきました。幼いころから学んだり、細かく調べることがお好きだった浩宮さまは、ご自分の気持ちを鶴に寄せて、「幼な日よりのわが夢かなふ」と恋の成就を誇らしげに歌いあげたのでしょう。

「長い間、お世話になりました」

二月九日、雅子さまはお別れの挨拶のため、五年九ヵ月勤めた霞が関の外務省を訪れました。

「うちの省は実力主義で男女の隔てはないところだけど、彼女の仕事はまさに男勝《おとこまさ》り。徹夜もするし、自分の主義主張も通す。特に語学の能力は高かったです。英語の文章では、名文家で通っていました」

同僚の一人は、雅子さんの仕事ぶりをこう評しました。雅子さまは、英語をはじめフランス語やドイツ語も堪能なばかりか、日常会話程度ならロシア語、スペイン語、韓国語などもこなすといいます。

## 次の世を託す跡継ぎ夫婦を得る

六月九日午前五時。結婚の日の小和田邸の周辺には、雅子さまを一目見ようと二〇〇〇人近い人々が詰めかけていました。午前六時三〇分、小和田邸のドアが開き、家族とともに雅子さんが現れました。

「ショコラちゃん、バイバイ」

愛犬に別れを告げた雅子さまの装いは、ブルーの水玉のスーツにお帽子を合わせ、真珠のネックレスとイヤリング。白の手袋、白のバッグにさりげなく持たれた扇子が天皇家に嫁ぐという格調を表しています。

晴れやかな笑顔で旅立つ娘を、両親は立ち尽くして見送ります。

潔斎所で身を清められた雅子さまは大垂髪《おおすべらかし》に髪を結いあげ、新調の十二単《じゅうにひとえ》に着替えられました。午前一〇時、だいだい色の黄丹袍《おうにのほう》に黒い冠、手に笏《しゃく》を持たれた皇太子浩宮さま（天皇陛下）と檜扇《ひおうぎ》を手に持たれた雅子さまが相次いで回廊を歩んで賢所《かしこどころ》に入られました。お二人は正面で一礼し、内陣に進まれます。

宮内庁によると、お二人は板張りの床に置かれた半畳の御畳《ごじょう》に正座し、鏡の御神体に向かって右側の皇太子さまが紅白の布のついた玉串を受け取り二度立ち上がって拝礼し、この間平伏したままだった雅子さんが、次に別の玉串を持って座ったまま二度拝礼されました。

続いて、参列者全員が起立するなか、皇太子浩宮さまが懐から告文《つげぶみ》を取り出し、「互いに睦み親しみ変わることのないことを誓い、将来の守護を願う」といった内容のことを古い大和言葉で読み上げられました。

お二人が外陣に戻ると、内々陣から神酒《みき》の入った瓶子《へいし》（とっくりのこと）が運ばれ、まず皇太子浩宮さまが注がれた杯を干され、雅子さまも別の杯で神酒に口をつけられました。この後再び拝礼します。

これで結婚が成立し、雅子さまは皇室の一員になられたのです。皇太子の結婚は一九五九年（昭和三四年）の天皇（今の上皇陛下）と美智子さまのご結婚以来、実に三四年ぶりのことでした。

お二人が東回廊からゆっくりと退出し、儀式が一六分で終わると、皇族を代表して秋篠宮ご夫妻が賢所の神楽舎《かぐらしゃ》まで進んで拝礼され、参列者もこれに合わせて次席で拝礼し、退場しました。

こうして、外務省から初めて皇太子妃が誕生し、天皇家に新しいページが開かれたのです。浩宮さまは、「今まで会ったなかで、ケタはずれにスケールの大きい女性」と雅子さんをマークされ、ついに初恋を貫かれました。

上皇さまと美智子さまは、あとを託すことのできる次の世代を得たのです。一九九二年（平成四年）のお誕生日に際してのご回答で、美智子さまは浩宮さまと雅子さまの結婚についてこうお答えになっています。

「幸せな結婚を祈っています。……どのような形ででも、子どもたちの役に立てることがあれば、うれしく思います」

このご結婚は、お二人にとって次のステップへの第一歩でもありました。

# 第四章　退位への道

京都にて（1966年11月／©JMPA）

## 次の世代につないでいく

一九九三年（平成五年）一月一九日、皇室会議が行われ雅子さまのご婚約が内定しました。日本国中が明るい祝賀ムードに包まれたのです。

その数日後、陛下（上皇さま）は友人の織田和雄さんに電話で話したことがありました。織田さんは陛下の学生時代からのテニス仲間。ご結婚前の上皇さまと美智子さまのテニスコートの出会いの際にも居合わせた、陛下の信頼厚い人です。

陛下はこうおっしゃったといいます。

「自分はつなぎの天皇である。皇太子（天皇陛下）の代に明るい皇室になればいい」

「つなぎ」とはどういう意味でしょうか。二つのことが考えられそうです。

一つ目は、繰り返し続けている「慰霊の旅」に関係するものと思われます。上皇さまは、第二次世界大戦の終戦を疎開先で迎えました。父である昭和天皇の時代に起こった戦争に対して、戦没者慰霊を自分の代で行い、その上で次の世代には新しい皇室になってほしいとお考えになっているのかもしれません。

二つ目は、お子さまたちへの継承です。上皇さまと美智子さまは、他人が子どもを育てる乳母のしきたりをやめ、親子が同居して子どもたちをお手元で育てました。将来の皇位継承を見据えて、ご自分の傍で学ばせたいというお考えによるものだったといいます。

上皇さまは、皇太子浩宮さま（天皇陛下）と礼宮さま（秋篠宮さま）には、子どものころからご公務にお連れになり、終戦の日には一緒に黙禱《もくとう》されてきました。ご自分の姿を見せることで、お心をつないでいかれたのです。

## 美智子さまの発案による毎月一度の定期懇談（二〇一二年春から）

二〇一二年（平成二四年）二月一八日、陛下（上皇さま）は東京大学医学部附属病院で心臓病の手術を受けられました。心臓の表面を這う血管が狭くなる狭窄《きょうさく》症状が進行していたためです。狭窄が認められた二本の冠動脈のそれぞれに左右の内胸動脈を吻合《ふんごう》してバイパスを形成した冠動脈バイパス手術で、四時間ほどもかかる手術でした。

胸を開く手術のため三月四日に退院されるまで約二週間の入院を必要としましたが、その間三七度台の発熱や炎症反応が起きたり、開胸手術の後には一定の頻度で起こるとされる肝機能障害や食欲不振、低たんぱく血症をはじめ、胸水がたまることもありました。

上皇さまがご入院中は、美智子さまは一日おきくらいに病院に泊まって付き添われたといいます。陛下が麻酔から覚めると、美智子さまと愛娘《まなむすめ》の黒田清子さんがしばらく前から陛下の手を優しく握って温めていらしたのです。

「そこ、気持ちがいいね」

目が覚めた陛下の第一声は、手の温かさへの感想でした。美智子さまは、

「ようございました」

と声をかけられました。

入院されるためのパジャマや歯ブラシなどの用意は、女官の手を借りずにすべて美智子さまがなさいました。ランチは、美智子さまの手作りのお弁当をお二人で召し上がったといいます。

美智子さまは、病室に皇居の庭で摘んだフキノトウを鉢に移し替えて飾りました。「春の植物から生命力をもらう」というお心遣いからでした。また、リハビリテーションの間には心を和ませる音楽を流すなど、献身的なお世話をされたのです。また、大勢の人々が記帳のために皇居を訪れたり、神社や寺院から上皇さまのご快癒を祈るお札がたくさん寄せられていることなどをお話しされました。

手術の翌日には、浩宮さま（天皇陛下）と秋篠宮さまがそろってお見舞いに来られました。お二人のお見舞いで、上皇さまはそのあとすぐ椅子に座ってお水を飲むほどの元気をもらったのです。

この大きな手術を経験して、美智子さまはやがて来るお代替わりについて相談しなければならない、とお考えになったのでしょう。美智子さまの発案で、上皇さまがご退院されて間もない春から、毎月一度、皇太子浩宮さまと秋篠宮さまを御所にお招きして〝懇談〟を行うようになったのです。

そこでは上皇さまが象徴天皇としての体験やお考えを伝え、率直な意見を交わす「継承の場」になりました。懇談の内容は非公開でしたが、皇太子浩宮さまが会見で、陛下（上皇さま）から象徴天皇としての体験や考えなどを聞いていると明かされ、

「大変ありがたいことです」

と語られました。懇談の場では、生前退位や葬儀のあり方についても深くご意見を交わされていたのです。

皇居・宮殿中庭にて
（2018年10月10日／宮内庁提供）

## 「生前退位」を検討し始める（二〇〇五年ごろ）

実は、毎月一回の〝定例懇談〟のずっと以前から、陛下（上皇さま）と美智子さまの間では葬儀のあり方が話題に上っていたといいます。第一章でお話ししたように、八王子市にある武蔵陵墓地に大正天皇と貞明皇后、昭和天皇と香淳《こうじゅん》皇后の陵を参拝されるたびに、将来の代替わりについて考えられるようになったのでしょう。

そして、機会のあるごとに、宮内庁長官や参与の意見に耳を傾けられてきたというのです。

宮内庁長官に羽毛田《はけた》信吾氏が就任した二〇〇五年（平成一七年）ころから、陛下と美智子さまのご意向を受けて、皇太子浩宮さま（天皇陛下）と秋篠宮さまも交えつつ宮内庁は具体案を練り始めました。

宮内庁などの周りの人々が陛下から「生前退位」のお気持ちを聞いたのは、二〇一〇年（平成二二年）七月ごろといいます。それ以来、美智子さまも含めて意見を交わしてきました。

それが本格的になったのは、陛下の心臓手術の後の懇談からです。

御所で行われる懇談は、会食を伴う会議でした。熱心な議論は深夜まで及ぶこともありました。陛下はそのころ七八歳。立ち上がったまま議論することもあったほど熱のこもった会談だったといいます。

懇談は陛下も美智子さまも、宮内庁の参与たちも自由に、忌憚《きたん》なく意見を出し合う場でした。そのころは、「生前退位の実現は難しいのでは」と考える参加者もいましたが、陛下と美智子さまの決意は固かったのです。

そして、その思いをどのように国民に伝えるか、というのも議論の課題でした。やがて「生前退位のお気持ちをにじませるおことば」を表明されるまでには、さらに六年の月日が必要でした。

## 宮内庁長官が「生前の遺言」を発表（二〇一二年四月）

二〇一二年（平成二四年）四月二六日、羽毛田宮内庁長官は定例会見で、

「両陛下は逝去された際のご自身について、火葬が望ましいというご意向がある」

と発言しました。また、

「天皇陛下（上皇さま）と美智子さまが同じ陵に入る『合葬』も視野に入れて検討する」

と続けました。これは「葬儀の簡略化に対する方針」の発表であり、両陛下からの「生前の遺言」であると捉えられました。

つい二ヵ月前に上皇さまが心臓バイパス手術をお受けになったばかりのこの時期に、なぜ唐突にこのような発表がなされたのかと疑問に感じた人もいました。

この定例会見から間もない六月に羽毛田宮内庁長官が退官したところから、自分の在任中にこの問題について触れておかねばならないと考えたのでしょう。

羽毛田宮内庁長官は、定例会見の直後のインタビューで、

「両陛下のご意向は早くから伺っていました。もう少し早く申し上げるべきだったかもしれませんが、東日本大震災（二〇一一年三月）や陛下のご不例（病気）もあり、難しかった」

と語っています。

## 葬儀と火葬、陵の規模を公表（二〇一三年一一月）

翌年二〇一三年（平成二五年）一一月一四日には、宮内庁の風岡《かざおか》典之長官が記者会見で陛下（上皇さま）と美智子さまの逝去の際の葬儀や陵についての方針をまとめて公表しました。天皇の葬送について、検討課題も含めて事前に公表されたのは、きわめて異例なことでした。

それは、

「国民生活への影響を極力減らすことが望ましい」

との上皇さまと美智子さまの意向を受けたもので、国民とともに歩み、国民に尽くされてきた平成流の両陛下の集大成ともいえる内容でした。

この記者会見で表明された検討課題は、皇室の私的行事としての葬儀や陵が対象でした。陵については、ここで示された方針に沿って建造されることになると発表されました。

国民生活への配慮から、陵は昭和天皇陵より小さくし、天皇陵と皇后陵を寄り添うように配置します。とりわけ注目を集めたのは、土葬ではなく火葬にすることでした。陵の具体的な内容については、第五章で詳しくお話しします。

葬儀場の候補地は明言されませんでしたが、その規模や儀式の簡素化を含め、今後さらに細かく決めていくことになります。

その一方で、政府が主催する「大喪の礼」については、内閣が判断するとして、国に判断をゆだねました。

この日、会見した風岡宮内庁長官は、

「両陛下はかねて昭和天皇陵などがある武蔵陵墓地には用地の余裕がないことを懸念し、自身の陵の規模を縮小し、近世以降の皇室の伝統である土葬ではなく、火葬が望ましいとの考えを示していました。宮内庁は昨年四月、こうした両陛下の意向を発表し、約一年半かけて検討してきました」と伝えました。前年四月の「生前の遺言」会見からさらに検討を重ねてきた経過の公表だったのです。

天皇陛下のご意向で合葬も検討されましたが、美智子さまから「畏れ多く、ご遠慮したい」とのお気持ちが示されたため見送られたことも公にされました。

宮内庁が葬送について調整するにあたっては、皇室典範に沿って検討されました。あまり一般の人たちの目に触れることはありませんが、日本の法律の中には「皇室典範」という皇室について定めたものがあるのです。

現在の「皇室典範」は、一九四七年（昭和二三年）に日本国憲法とともに制定されました。第二次大戦後、「国民主権・象徴天皇制」へと移行した日本国憲法のもとで、皇位の継承や皇族の範囲などについて、全五章三七条にわたって定められています。

天皇の葬送に関しては、「皇室典範」第二五条に「天皇が崩じたときは、大喪の礼を行う」と定められていますが、具体的な内容は規定されていません。

そのため、宮内庁は昭和天皇の葬儀と同じように、戦後廃止されていた旧皇室喪儀令をベースに検討を進めてきたといいます。

陵についても、「皇室典範」第二七条に「天皇、皇后、太皇太后及び皇太后を葬る所を陵《りょう》、その他の皇族を葬る所を墓《ぼ》とし、……」とありますが、それ以外の規定はないことから、同じく戦後廃止された旧皇室陵墓令を参考としました。

火葬が当たり前になっている一般の国民にとって、逆に「土葬」「陵（墳丘墓）」が検討課題に挙がっていることを不思議に思うのが普通の感覚でしょう。

しかし、ここで大切なのは、陛下（上皇さま）と美智子さまはすべての皇室儀礼を変えようとしているのではない、ということです。むしろ皇室のみにしかできない祭祀や儀礼は、非常に重要なこととして大切に行ってきました。

昭和天皇の崩御と翌年の即位に関する儀式、大嘗祭《だいじょうさい》など天皇の代替わりの儀式、皇太子の立太子に関する儀式など、数年間は皇室の儀式が多数行われました。これらは大昔の平安時代を思わせるようであり、一般の国民からはかけ離れたものでした。幕末の天皇について研究した藤田覚《さとる》氏によると、天皇だけができる朝廷祭祀や儀礼は、天皇が天皇であるための根源であり天皇権威の核心であるといいます。

「……（昭和天皇の葬送では）神々しくも威圧的な、そして私たちから隔絶した権威ある存在という『神聖（性）な天皇』というイメージが示された。それらの儀式・神事は、一人の生身の人間が、天皇という特別な権威を身につけるうえで必要なプロセスであった。現在の皇室は、その『神聖な天皇』と『開かれた皇室』がないまぜになっている……」（『幕末の天皇』藤田覚著／講談社学術文庫より）

上皇さまと美智子さまは、皇室の祭祀や儀礼を守りつつ、国民に影響を与える部分のみ、整えていこうとされたのです。

天皇陛下御即位30年祝賀行事の宮中茶会にて
（2019年2月25日／宮内庁提供）

## 「生前退位」に向けておきもちを語る

陛下（上皇さま）と美智子さまは、さらに大きな課題に取り組まれることになります。それが「生前退位」を行うことでした。

昭和天皇崩御の際には葬送儀式が一年も続き、その間、国民は自らの判断で経済活動を自粛しました。お祝い事を控え、慎んで暮らしたのです。それをつぶさにご覧になった陛下と美智子さまは、「再び同じことがあってはならない」と大変憂いていらしたのです。

過去の歴史をあたっていくと、過去にも生前に譲位した天皇がいました。江戸時代中期の一八一七年（文化一四年）に譲位した光格《こうかく》天皇です。それ以降、上皇さまが退位するまでの二〇二年間、天皇が生前に譲位した例はありません。しかし、たとえ一例でも前例がある、そのことも参考にされたともいわれています。

光格天皇は新生児が育ちにくい江戸期において、無事に育った例でした。最後の女性天皇の後桜町《ごさくらまち》天皇（在位期間一七六二〜一七七一年）が生前退位されたのを、後桃園《ごももぞの》天皇が引き継ぎました。ところが後桃園天皇は二二歳という若さで亡くなり、光格天皇が皇位に就いたのです。

後桜町天皇は、日本史上最後の女性天皇です。幼い甥に皇位を継がせるため、中継ぎとして在位していました。甥が一三歳に成長し、和歌御会始《わかごかいはじめ》に出て歌を詠むようになるとたいそう喜びました。この女帝は、

幾千代の春をちぎりて聞きはやす初音うれしき宮のうぐひす

と甥の成長を寿ぐ御製《ぎょせい》を披露し、その年に譲位を宣言しました。

東京大学総合図書館南葵文庫に『小夜聞書《さよのききがき》』という資料が収められていて、そ

の中の記述を光格天皇の研究者、東京大学名誉教授の藤田覚氏が著書『幕末の天皇』で解説しています。

「まだ幼い光格天皇の行く末を案じたのであろうか。前の前の天皇で、いまは上皇となって仙洞《せんとう》御所に住む後桜町院は、天皇に学問を熱心にするように勧めた。……（中略）さきの『小夜聞書』にも『殊に御学文《がくもん》を好ませ給い、わが国の歌道、また有職《ゆうそく》の道に御心をつくさせ給い」と書かれている。世間にも知られた好学の天皇であった。』（『幕末の天皇』藤田覚著、講談社学術文庫より）

光格天皇は養子となって皇統を継いだため天皇家から血が遠くなりました。そのため公家たちから軽く見られていた光格天皇に学問を勧めたのが、後桜町院でした。幼いとはいえ、自分を軽んずる空気を光格天皇は感じたことでしょう。若き天皇は熱心に学問に打ち込み、一八歳までに自ら朝廷政務を主宰するほどの立派な青年天皇に成長しました。光格天皇の英邁《えいまい》さがうかがわれます。

やがて二〇一六年（平成二八年）八月八日、上皇さまはテレビを通して、全国民に「おきもち」を表明したのです。

午後三時にテレビから流れたビデオメッセージの中で、陛下は厳粛な表情で一一分二秒間にわたり、ゆっくりと一言ひとことをかみしめるように国民に語りかけました。このとき、陛下は八三歳でした。

ここでは「退位」について直接的に触れませんでしたが、生涯にわたり天皇であり続けることへの懸念や、「生前退位」についての思いが言外ににじみ出て、多くの国民の心を打つものだったのです。「生前退位」をお考え始めてから、実に一一年の年月が経っていました。

次に、その全文をご紹介します。

# 生前退位をにじませたおことば(二〇一六年八月)

戦後七〇年という大きな節目を過ぎ、二年後には、平成三〇年を迎えます。

私も八〇を越え、体力の面などから様々な制約を覚えることもあり、ここ数年、天皇としての自らの歩みを振り返るとともに、この先の自分の在り方や務めにつき、思いを致すようになりました。

本日は、社会の高齢化が進む中、天皇もまた高齢となった場合、どのような在り方が望ましいか、天皇という立場上、現行の皇室制度に具体的に触れることは控えながら、私が個人として、これまでに考えて来たことを話したいと思います。

即位以来、私は国事行為を行うと共に、日本国憲法下で象徴と位置づけられた天皇の望ましい在り方を、日々模索しつつ過ごして来ました。伝統の後継者として、これを守り続ける責任に深く思いを致し、更に日々新たになる日本と世界の中にあって、日本の皇室が、いかに伝統を現代に生かし、いきいきとして社会に内在し、人々の期待に応えていくかを考えつつ、今日に至っています。

そのような中、何年か前のことになりますが、二度の外科手術（注・前立腺、心臓バイパス手術）を受け、加えて高齢による体力の低下を覚えるようになった頃から、これから先、従来のように重い務めを果たすことが困難になった場合、どのように身を処していくことが、国にとり、国民にとり、また、私のあとを歩む皇族にとり良いことであるかにつき、考えるようになりました。すでに八〇を越え、幸いに健康であるとは申せ、次第に進む身体の衰えを考慮する時、これまでのように、全身全霊をもって象徴の務めを果たしていくことが、難しくなるのではないかと案じています。

私が天皇の位についてから、ほぼ二八年、この間《かん》私は、我が国における多くの喜びの時、また悲しみの時を、人々と共に過ごして来ました。私はこれまで天皇の務めとして、何よりまず国民の安寧と幸せを祈ることを大切に考えて来ましたが、同時に事にあたっては、時として人々の傍らに立ち、その声に耳を傾け、思いに寄り添うことも大切なことと考えて来ました。天皇が象徴であると共に、国民統合の象徴としての役割を果たすためには、天皇が国民に、天皇という象徴の立場への理解を求めると共に、天皇もまた、自らのありように深く心し、国民に対する理解を深め、常に国民と共にある自覚を自らの内に育てる必要を感じて来ました。こうした意味において、日本の各地、とりわけ遠隔の地や島々への旅も、私は天皇の象徴的行為として、大切なものと感じて来ました。皇太子の時代も含め、これまで私が皇后と共に行《おこな》ってきたほぼ全国に及ぶ旅は、国内のどこにおいても、その地域を愛し、その共同体を地道に支える市井《しせい》の人々のあることを私に認識させ、私がこの認識をもって、天皇として大切な、国民を思い、国民のために祈るという務めを、人々への深い信頼と敬愛をもってなし得たことは、幸せなことでした。

天皇の高齢化に伴う対処の仕方が、国事行為や、その象徴としての行為を限りなく縮小していくことには、無理があろうと思われます。また、天皇が未成年であったり、重病などによりその機能を果たし得なくなった場合には、天皇の行為を代行する摂政を置くことも考えられます。しかし、この場合も、天皇が十分にその立場に求められる務めを果たせぬまま、生涯の終わりに至るまで天皇であり続けることに変わりはありません。

天皇が健康を損ない、深刻な様態に立ち至った場合、これまでにも見られたように、社会が停滞し、国民の暮らしにも様々な影響が及ぶことが懸念されます。更にこれまでの皇室のしきたりとして、天皇の終焉に当たっては、重い殯《もがり》の行事が連日ほぼ二ヵ月にわたって続き、その後喪儀《そうぎ》に関連する行事が、一年間続きます。その様々な行事と、新時代に関わる諸行事が同時に進行することから、行事に関わる人々、とりわけ残される家族は、非常に厳しい状況下に置かれざるを得ません。こうした事態を避けることは出来ないものだろうかとの思いが、胸に去来することもあります。

始めにも述べましたように、憲法の下《もと》、天皇は国政に関する機能を有しません。そうした中で、このたび我が国の長い天皇の歴史を改めて振り返りつつ、これからも皇室がどのような時にも国民と共にあり、相たずさえてこの国の未来を築いていけるよう、そして象徴天皇の務めが常に途切れることなく、安定的に続いていくことをひとえに念じ、ここに私の気持ちをお話しいたしました。

国民の理解を得られることを、切に願っています。

――「象徴としての天皇陛下のおことば」全文

「生前退位をにじませたおことば」をビデオメッセージで語られる
（2016年8月8日／宮内庁提供）

## 天皇の過酷な仕事

おことばの中には、「すでに八〇を越え、次第に進む身体の衰えを考慮する時、これまでのように全身全霊をもって象徴の務めを果たしていくことが、難しくなるのではないか」という懸念が含まれていました。

では、そもそも天皇の公務とはどういったものなのでしょうか。

天皇の公務は、大きく三つのことがあります。

まず一つ目は、国会の召集や衆議院の解散などの「国事行為」です。内閣総理大臣や最高裁判所長官などの任命、文化勲章や大綬章などの栄典の授与、批准書および法律の定めるそのほかの外交文書の認証、外国の大使および公使の接受、新年祝賀の儀、即位の礼、大喪の礼などの儀式を行うことが含まれます。

二つ目は、式典や行事に出席する「公的行為」です。新年の一般参賀、歌会始の儀、園遊会、全国戦没者追悼式をはじめ、国賓として来日した外国の賓客との会見や晩餐会がこれにあたります。

三つ目は、プライベートな外出や宮中祭祀などの「私的行為」です。散策や御用邸などでのご静養、上皇さまの場合はご研究テーマのハゼなど魚類の研究、新嘗祭《にいなめさい》など年間二〇ほどある宮中祭祀です。

「国事行為」として内閣から届く書類への署名と押印だけでも、年間約一〇〇〇件にも上ります。「公的行為」として、皇居で勲章受章者たちから挨拶を受ける「拝謁」だけでも年に約一〇〇回もあり、地方へのご訪問や、被災地慰問にも足しげく行かれます。行事の多い春や秋には、一ヵ月に一日か二日しか休みがないことも多いといいます。

上皇さまは、自分をごまかすことをされず、天皇としての使命感がとても強い方です。執務室では常に背広にネクタイを締め、面会者や行事に関する分厚い資料もすべてに目を通されるといいます。ご自分の目で見て耳で聞き、ご自分のことばで語りかけることを大切にされていたのです。

しかし、そのように「全身全霊をもって務めを果たす」ことは、年齢とともにおつらくなってきたのでしょう。また、病気などで機能が止まることも案じておられたのです。

## 生前退位のために法律をどう解釈するか

「生前退位」を実現するためには、法律をどう解釈するかといった問題がありました。大日本帝国憲法と旧皇室典範以来、天皇は終身制とされてきました。現在の日本国憲法と皇室典範にも、退位や譲位に関する記述や規定はありません。皇室典範の第四条には、

「天皇が崩じたときは、皇嗣が、直ちに即位する」

とあります。また、日本国憲法第二条には、

「皇位は、世襲のものであって、国会の議決した皇室典範の定めるところにより、これを継承する」

とあります。皇室典範の改正は、国会が担っています。法律をどう解釈するか。そういった課題も残されました。

# 第五章　新しい葬儀と陵のかたち

国立競技場で行われた
国際スポーツ大会にて
（1963年10月11日）

## 葬送と陵を自分たちで考え決めておく

二〇一三年（平成二五年）一一月一四日、宮内庁は陛下（上皇さま）と美智子さまのご意向を受けて、「今後の御陵及び御喪儀のあり方についての天皇皇后両陛下のお気持ち」と題する葬儀と陵の見直しを発表しました。これにより、葬儀にはまだ検討の余地があるとしつつ、陵についてはこの方針に沿って築造されることになりました。

ここではその内容についてお話しします。

## 陛下と美智子さまのお気持ち

宮内庁は、陛下（上皇さま）と美智子さまの「極力国民生活への影響の少ないものにすることが望ましい」というお気持ちを反映して方針をまとめたといいます。昭和天皇の葬儀がご体調が悪くなってから極秘に準備されたのとは違って、国民にも経過を知らせながら準備が進んでいくことになります。

このとき具体化された葬儀の方法や陵のあり方には、大きく三つのお二人のお考えやお気持ちが込められています。

まず一つ目は、お二人のお互いへの深い愛情です。法律には陵や葬送についてのはっきりした決まりはないため、お二人のご希望を陵のかたちなどに反映させることができたのです。

二つ目は、経済的な負担も含めた国民生活への配慮と、時代に沿った葬送をしたい、というお気持ちでした。上皇さまは平成になってからの経済不況や自然災害などの際に被災者に寄り添うことを大切にされてきています。そのため、陵や葬送のために国民に影響が出ることはなるべく避けたいというお気持ちが表れています。そのため、「簡素化」を意識したものになっています。

三つ目は、祭事を含めた皇室の伝統を尊重し継承していきたい、という思いです。これらをすり合わせつつ、方法を探ってこられたのでした。

この方針は、象徴天皇として「国民に開かれた皇室」を心掛けてきた上皇さまと美智子さまのお考えの集大成といえるものだったのです。

## 参加者に配慮した葬儀場所

葬儀当日は憲法の政教分離の定めに従い、「葬場殿の儀」は皇室行事として、「大喪の礼」は国の行事として行われます。これからは内閣も加わって、「大喪の礼」など儀式全体の検討も行っていくことになります。

一九八九年（平成元年）二月に行われた昭和天皇の葬儀は、東京の新宿御苑で行われました。参列者が雨の降る真冬の寒い時期に、儀式が始まるまで屋外のテントの中で長時間待たされている様子を、国民もテレビを通して見ることができました。いかにも寒そうでほんとうにお気の毒でした。

上皇さまと美智子さまは、葬場殿（葬儀会場）を探すにあたって、暑さや寒さに加え、集中豪雨や竜巻などの可能性も十分考え、参列者を守れる場所にすることを条件として挙げられています。そのため、場所についてはこれからも検討していくとしています。

## 近代で初めての火葬へ

お二人の簡素化の意向を受けて、江戸時代から続いてきた土葬から火葬に変更されました。天皇の火葬は、江戸時代初期の一六一七年の後陽成天皇の葬儀が最後で、それ以来四〇〇余年ぶりのこととなり、葬送方法の歴史的転換となります。上皇さまは、近代で初めての火葬の天皇となるのです。一般社会では火葬が通例になっていることや、上皇さまと美智子さまが国民と共に歩みたいとお考えになっていることも、変更の理由でした。

葬儀のたびに武蔵陵墓地に専用の火葬施設を設けるため、新たに火葬の儀式が加わります。ただ、その分が国民の負担にならないように、これから検討していくとしています。

## 次の世代もともに眠るために

大正天皇陵と昭和天皇陵のある八王子市の武蔵陵墓地内に陵を造る予定です。武蔵陵墓地は、その面積や地形から、将来陵を増やすことができないのではないかと懸念されていました。上皇さまと美智子さまは陵の大きさと配置を工夫すれば、のちのちお二人を含め、次世代の方々も離ればなれにならず、お傍近くに鎮《しず》まることができるのではないかとお考えになったのです。

形は高さの低い四角い台に半円が乗ったような上円下方墳で、敷地面積は昭和天皇と香淳皇后の陵が合わせて四三〇〇平方メートルなのに対し、お二人合わせて八割程度の三五〇〇平方メートルとなります。

## 手をつないだようなお二人の陵

「合葬というあり方も視野に入れてはどうか」という陛下（上皇さま）からのご提案もありました。これに対し、美智子さまは、

「合葬は畏《おそ》れ多く感じます。陛下のお気持ちに深く感謝しつつも、ご遠慮したい」

と、ご返事されました。

美智子さまは、昭和の時代から「上御一人《かみごいちにん》」という思いで仕えていました。「上御一人」というのは、最高の地位にあるただ一人の方であり、天皇の尊称です。そのお気持ちから、ご一緒するべきではないとお考えになったのでしょう。

さらに、もし美智子さまが先に亡くなった場合、合葬では上皇さまがご存命中に陵が造られることになってしまいます。また、祭事を行う際には、天皇陵の前

では天皇だけの祭事が望ましい、といった理由もありました。

とはいえ、美智子さまは上皇さまのお気持ちに応えるため、

「皇后陵をそれまでのように大きくしないで、天皇陵の傍に置くことは許されることでしょうか」

と、周囲にご相談になったといいます。


このようなことがあって、陵の配置は、昭和天皇と香淳皇后が二股に分かれた道の先にあってそれぞれが少し離れているのに対し、お二人の陵は同じ敷地内に寄り添うように並ぶ「不離一体《ふりいったい》」のかたちとなりました。まるでお二人が手をつないでいるかのような、優しさにあふれるたたずまいです。

イメージ図

## 遠い未来のことであってほしいと願う

この葬送と陵の方針の検討について、

「両陛下がお元気なうちから、政府が葬儀の話をするのは失礼ではないか」

という声もあったといいます。しかし、人任せにしていては、従来を踏襲するばかりで、昭和の「大喪の礼」と同じことが繰り返されるのです。上皇さまと美智子さまは、残される国民や家族のために、ご夫婦二人で、自分たちの最期の時のことを考えるべき、とお考えになったのでしょう。この発表の最後に、宮内庁は、

「今回の発表内容が現実となる日が能《あた》うかぎり遠い将来のことであるように念願してやみません」

と締めくくりました。国民の多くも同じ気持ちでしょう。

# 第六章　終《しま》い支度のとき

お庭を散策される上皇さまと美智子さま
（2020年10月5日／宮内庁提供）

## 国民からの理解を得て退位に向けて検討を始める

陛下（上皇さま）は生前退位をにじませたおことばで、

「天皇の終焉に当たっては……とりわけ残される家族は、非常に厳しい状況下に置かれざるを得ません」

と語っています。公の存在である天皇家の家族であっても、お互いを愛して大事に思う普通の家族と変わらないのです。「生前退位」についても、ご家族のなかで意思が一つにまとまっていたと思われます。

浩宮さま（天皇陛下）が上皇さまから退位の意向を伝えらえたのは、一年ほど前のこと。ちょうどそのころから、雅子さまが地方公務や園遊会などに出席されるなど、お出ましを増やし始めました。七月には、皇居御所に愛娘《まなむすめ》の黒田清子さんを招いて昼食をともにしながら、「生前退位」のおことばのビデオメッセージ放映についてお伝えされたといわれています。

テレビで全国に流れた生前退位をにじませたおことばを観て、多くの国民は上皇さまのご意志を好意的に受け止めました。朝日新聞の世論調査によると、「生前退位の制度化」に、八四パーセントの国民が賛成したのです。これまでのご活動を見てきた国民にとって、

「長い間お疲れさまでした。どうぞお休みください」

という気持ちを抱いたのが自然でしょう。

安倍晋三首相（当時）も「（この表明を）重く受け止めております」と語り、政府は九月後半をめどに有識者会議を開き、皇室典範の見直しを含めた「生前退位」に向けて検討を始めることとなりました。

## 退位に向けて皇室典範に特例法

皇室に関する法律である皇室典範の第四条には、「天皇が崩じたときは、皇嗣が、直ちに即位する」とあります。崩御して初めて次の天皇が立つことができるというのです。「生前退位」を行うためには、この法律を改正しなければなりません。

八月に放映された上皇さまによる「おきもち」のビデオメッセージを受けて、国が皇室典範の改正を検討し始めました。

やがて二〇一七年（平成二九年）六月一六日、「天皇の退位等に関する皇室典範特例法」が公布されました。この特例法は、二〇一九年（平成三一年）四月三〇日に施行されることとなります。

この法令改正により、天皇陛下のご退位は二〇一九年四月三〇日、翌五月一日に皇太子浩宮さまがご即位されることと決まったのです。

皇室典範の第四条にあたる特例法第二条は、「天皇は、この法律の施行の日限り、退位し、皇嗣が、直ちに即位する」と改められました。そして、ご退位にあたって「退位の礼を行う」と政令で定められました。

また、天皇陛下は「上皇」、皇后美智子さまは「上皇后」と呼ばれ、敬称は「陛下」となりました。同時に、国民の祝日である天皇誕生日を二月二三日に改めることとなりました。

# 美智子さまへ「心から労《ねぎら》いたい」

ご退位を翌年に控えた二〇一八年（平成三〇年）一二月二三日、陛下（上皇さま）は八五歳のお誕生日をお迎えになり、誕生日前の会見でおことばを語られました。即位翌年の一九九〇年からほぼ毎年行われてきましたが、在位中の会見としてはもとよりご退位後も含めて、このときが最後の会見となりました。

陛下は約一六分間、象徴として歩んだ平成を振り返り何度も感極まって言葉を詰まらせながら、お話しされました。

会見の中で、上皇さまはとりわけ戦争を経験した天皇として平和への思いを熱く語られ、さらに災害の被災者、障害者、海外への移住者などに心を寄せられました。

やがて美智子さまの献身についての話題に差し掛かると、感極まったように涙声になったのです。

「……私は成年皇族として人生の旅を歩み始めて程なく、現在の皇后と出会い、深い信頼の下、同伴を求め、爾来《じらい》この伴侶と共に、これまでの旅を続けてきました。……」

そして、天皇としての旅を終えようとしている今、皇后が自分の人生の旅に加わり、六〇年という長い年月にわたり皇室と国民への献身を真心をもって果たしてきたことを、

「心から労《ねぎら》いたく思います」

と感謝のお気持ちを伝えられたのです。

美智子さまは会見が開かれた皇居・宮殿に付き添い、会見が終わるのを別室でお待ちになっていました。陛下のかたわらには、いつも美智子さまがいらしたのです。

## 退位の日の思いがこもった一礼（二〇一九年四月）

四月三〇日、その日も天皇陛下（上皇さま）はご公務を行っていました。

やがて午後五時になると、皇居・宮殿「松の間」にて、天皇陛下が国民に退位を知らせる「退位礼正殿の儀」が行われました。

江戸時代後期の光格天皇以来二〇二年ぶりの退位に伴う、憲政史上初めてとなる退位の儀式でした。安倍晋三総理大臣（当時）たち三権の長や閣僚、地方公共団体の代表などが参列するなか、天皇陛下と美智子さまがお出ましになったあと、歴代天皇に伝わる三種の神器《じんぎ》のうちの宝剣と神璽《しんじ》（勾玉《まがたま》）、それに国璽《こくじ》と御璽《ぎょじ》が案《あん》と呼ばれる台の上に置かれました。

安倍総理大臣が国民の代表として、

「皇室典範特例法の定めるところにより、ご退位されます」

と発言しました。それを受けて、天皇陛下がおことばを述べられます。

## 退位礼正殿の儀の天皇陛下のおことば（全文）

今日《こんにち》をもち、天皇としての務めを終えることになりました。

ただ今、国民を代表して、安倍内閣総理大臣の述べられた言葉に、深く謝意を表します。

即位から三〇年、これまでの天皇としての務めを、国民への深い信頼と敬愛をもって行い得たことは、幸せなことでした。象徴としての私を受け入れ、支えてくれた国民に、心から感謝します。

明日《あす》から始まる新しい令和の時代が、平和で実り多くあることを、皇后と共に心から願い、ここに我が国と世界の人々の安寧と幸せを祈ります。

これが、天皇陛下が国民に対する最後のおことばとなり、憲法で定める国事行為として天皇陛下が臨まれた最後のご公務となりました。

「退位礼正殿の儀」は、テレビを通じて全国に放映されていました。おことばが終わり、宝剣、神璽（勾玉）、国璽、御璽が下げられたあと、天皇陛下は美智子さまの手を取り、台座を降りられました。そして、これらを運ぶ侍従たちとともに天皇陛下が松の間を出ようとしたとき、テレビを見つめる国民の胸を打つ出来事が起こったのです。

侍従が部屋の外に出たとき、天皇陛下がくるりと振り返り、台座あたりで待つ美智子さまに目を向けられました。そのつぎに、参列者に向かってゆっくりと一礼されたのです。それはかつてないことでした。

ご在位は三〇年三ヵ月にも及び、象徴天皇として歩まれてきた長い道のり。その万感がこもった一礼でした。これを見て、平成の終わりをしみじみと感じた方も多かったことでしょう。

翌五月一日には新しい天皇が立ち、令和の御代《みよ》に移りました。天皇陛下と雅子さまは国民から歓迎され、国中が明るい祝賀ムードに沸き返りました。平成のときの崩御に伴う自粛の中での即位とは違って、令和の即位から続くさまざまな行事を国民も楽しむことができたのです。

平成の「即位の礼」の際に「喪儀と即位に関する行事が同時に進行するのは避けたい」と述べられてから、実に三〇年の月日が経っていました。

## なぜ二百年余も譲位する天皇がいなかったのか

退位の儀式は、二〇一二年前に譲位した江戸後期の光格天皇（在位一七八〇～一八一七年）の譲位を参考にしたといわれています。しかし、なぜそれほど長い間、譲位の例がなかったのでしょうか。

日本史家の磯田道史さんの「古今をちこち」（読売新聞二〇一九年五月八日付）によれば、そもそも譲位をするのが日本の皇位継承の特徴だったというのです。

これによると、江戸期の天皇の継承には暗黙のルールがあったといいます。それは「十代後半の跡継ぎができたら譲位する」というものでした。

天皇は歌会始などを催すため、立派に和歌が詠める年齢であることが必要でした。しかし、江戸時代は子どもの死亡率が高く、三歳まで育てることすら難しい環境。そのため、天皇は譲位したくてもできず、在位のまま崩御せざるをえないのが実情だったというのです。

光格天皇の場合は、子の仁孝《にんこう》天皇が一七歳で跡を継いだため、譲位することができました。

ちなみに、仁孝天皇は光格天皇の仕事を引き継いで皇族や公家の教育機関「学習院（京都学習院）」をつくり、これがのちに明治天皇によって設立された大学校そして学習院の前身となりました。また、仁孝天皇には一五人の子がありましたが、一二人は三歳までに亡くなり、成人したうちの一人が江戸期最後の天皇である孝明天皇となりました。

さらに明治時代になってからは、新政府が天皇の終身在位制をとったため、明治、大正、昭和と退位する天皇はいなかったのです。

古来、譲位の儀式は飛鳥時代の持統天皇から文武天皇の時代に、おおむねの形ができたといいます。そののち、平安時代前期に「貞観儀式《じょうがんぎしき》」という皇室儀礼のテキストができて定まりました。

しかしながら、なにぶん古《いにしえ》の儀式のことです。「現人神《あらひとがみ》である自分が、親王（息子）に天皇の位を授ける」といった宣明を行うという内容のため、現行の憲法の下では参考にするのが難しいものでした。

そこで、平成の「退位の礼」では、天皇が現行憲法にのっとったかたちを新たにつくったのです。

総理大臣が「法律の定めるところによってご退位される」と発言し、これに天皇陛下が、法を受け入れるかたちで「天皇としての務めを終えることになった」とお答えになりました。「親から子に譲位する」という万世一系の天皇であるといった表現は避けられました。

## 積もり積もった膨大な品物を「仕分け」する

翌二〇二〇年（令和二年）三月三一日、上皇さまと美智子さまは二六年余りを過ごした皇居を離れ、高輪の仙洞仮御所にお引っ越しされました。長年お住まいだった皇居には思い出の品がたくさんあり、お引っ越しにあたってそれらの膨大な「仕分け」は、かなり大変だったようです。

膨大な品物は、国内外から献上された逸品をはじめ、上皇さまと美智子さまがご結婚されてからの思い出が詰まったものばかり。美智子さまは早朝から長いときには夕方までかかって荷物の整理をされていました。長女の黒田清子さんが手伝いに来て助けていたそうです。

お体に障るからと周りがお止めすると、「そうはいかないのよ」とお続けになったといいます。

かつて、上皇さまが即位後まもない一九九三年に皇居に転居されたときは、荷物は二トントラック一〇〇台分もあったといいます。そこからさらに三〇年近くが経っているのですから、その量たるやたいへんなものだったでしょう。

高輪の仙洞仮御所は二〇〇四年（平成一六年）まで高松宮邸として使われていた建物で、上皇さまと美智子さまがお引っ越しされるために改修されました。ちなみに、上皇の住まいは代々仙洞御所と呼ばれるため、仮住まいの間はこのように呼ばれます。天皇陛下と雅子さまが現在の赤坂御所から改装された吹上御所にお引っ越しされると、今度は上皇さまと美智子さまは赤坂御所に戻られます。長年お住まいだった東宮御所でもあった御所を仙洞御所とされ、移られるのです。

今、仙洞仮御所で美智子さまはご高齢の上皇さまをお支えする日々を過ごされているといいます。ご自分の体調もすぐれないなかで、上皇さまが日々を穏やかにお過ごしになれるようにお心をくだかれているのです。

吹上仙洞御所の御車寄前にてコハマギクをご覧になるお二人
(2019年10月30日/宮内庁提供)

## できていたことは「授かっていたもの」、できなくなるのは「お返ししたもの」

天皇陛下（上皇さま）の生前退位にともなって、美智子さまが上皇后となられて一年半。八六歳になられた美智子さまは、前年の九月に受けられた乳がんの手術ののち、ホルモン療法の影響もあり左手指が動かしにくくなってしまいました。

美智子さまは、子どものころからピアノが大好き。夏のご静養のときにもミニコンサートにご参加されるなど、ずっと音楽を楽しんでこられました。仙洞仮御所に移られたら、新しい曲を弾こうと楽しみにされていたといいます。

ところが、左手指が自由に動かせないため、お好きなピアノを弾くのが難しくなってしまったのです。

第40回草津夏期国際音楽アカデミー&フェスティバルでピアノを演奏される美智子さま
(2019年8月28日／宮内庁提供)

そんななかでも美智子さまは、

「今までできていたことは、『授かっていた』もの。それができなくなったことは『お返ししたもの』」

と、穏やかに受け止められ微笑《ほほえ》まれているといいます。長い人生の終わりに来るものを受け入れるお気持ちを、私たちもお手本にしたいものです。

美智子さまから学ぶ　五つの「終い方の信条」

1、人生の終い方は早いうちから考えておくこと
——次の世代や周りを困らせないためには、早めのスタートが肝要。「そのとき」になってからでは遅い。

2、自分たちの意思をしっかり伝える
——次の世代や周りの人々の理解と賛同を得る。

3、次の世代の意見も聞く
——次につなぐために必要なことを一緒に考える。

4、成り行き任せにしない
——前例を参考にしつつ、時代に合った工夫をする。

5、「生前に終い方の話をするのは失礼」ということはない
——穏やかな終末を迎えるためには、むしろ必要。

# 即位からのあゆみ

| | |
|---|---|
| 1988年 9月 | 昭和天皇の体調が悪化し、全国に自粛ムードが広まる |
| **1989年 1月 7日** | **昭和天皇崩御**。明仁親王が新天皇に即位し、美智子さまが皇后に、<br>徳仁親王（天皇陛下）が皇太子になる |
| **1989年 2月24日** | **昭和天皇「葬場殿の儀」「大喪の礼」行われる。**<br>天皇家が喪に服し、国民もそれに合わせて活動を自粛。<br>新天皇即位に関するさまざまな行事が行われる |
| 1990年 6月29日 | 礼宮文仁親王と川嶋紀子さんの「結婚の儀」が行われ、<br>秋篠宮家が創設される |
| **1990年11月上旬** | **天皇陛下（上皇さま）が**<br>**「喪儀と即位に関する行事が同時に進行するのを避けたい」と述べられたという** |
| **1990年11月12日** | **「即位礼正殿の儀」行われる** |
| 1991年10月23日 | 紀子さまが長女・眞子さまを出産 |
| 1993年 6月 9日 | 皇太子浩宮さま（天皇陛下）と小和田雅子さんの「結婚の儀」が行われる |
| 1994年12月29日 | 紀子さまが次女・佳子さまを出産 |
| 2001年12月 1日 | 雅子さまが長女・愛子さまを出産 |
| 2003年 1月18日 | 天皇陛下（上皇さま）が東京大学病院で前立腺がんの摘出手術を受ける。<br>天皇の宮内庁病院以外での手術は初めて |
| **2005年ごろから** | **天皇陛下と美智子さまが宮内庁関係者らと**<br>**「生前退位」について意見交換を始める** |
| 2005年11月15日 | 紀宮清子さまが黒田慶樹さんと結婚 |
| 2006年 9月 6日 | 紀子さま、長男・悠仁親王を出産 |
| 2012年 2月18日 | 天皇陛下が東京大学病院で心臓の冠動脈バイパス手術を受ける |
| **2012年春ごろから** | **天皇家の毎月1回の定期懇談会始まる** |
| **2012年 4月26日** | **宮内庁の定例会見で**<br>**「喪儀の簡略化に対する方針」を公表。**<br>両陛下の意向として「火葬が望ましく、合葬を視野」に入れて検討 |
| **2013年11月14日** | **宮内庁が天皇、皇后の喪儀を簡略化する方針を発表する**<br>（「今後の御陵及び御喪儀のあり方についての天皇皇后両陛下のお気持ち」）。<br>天皇陛下と美智子さまが「土葬から火葬に」「陵（墓）を小規模に」などを<br>希望されていると公表 |
| **2016年 8月 8日** | **天皇陛下が「生前退位」をにじませたおことばをビデオメッセージで国民に伝える** |
| **2019年 4月30日** | **天皇陛下生前退位** |
| **2019年 5月 1日** | **皇太子浩宮さまが新天皇に即位し、**<br>**お祝いムードの中で即位に関するさまざまな行事が行われる** |
| 2020年 3月31日 | 美智子さま、黒田清子さんの手を借りて膨大な思い出の品を仕分けする<br>上皇さまと美智子さま、高輪の仙洞仮御所に転居 |

# おわりに

「おーちゃん」の愛称で親しまれた濱尾実《はまお》さん。東宮侍従として浩宮さま（天皇陛下）と礼宮さま（秋篠宮さま）の教育係を務めた方です。濱尾さんは東宮侍従から聖心女子大に勤務、その後の皇室ジャーナリストとしての活躍は目覚ましいものがありましたが、二〇〇六年一〇月二五日に亡くなられました。

お葬式は、東京四谷の上智大学内にある聖イグナチオ教会で一〇月三〇日に行われました。私もながらくお世話になったので、出かけていきました。

めったに思い出さない数十年前のことが、ふと脳裏に浮かんできます。あの日あの時、私が早蕨《さわらび》幼稚園に通っていたころの同級生、酒井恵美子さんが聖心女子中高で美智子さまとご一緒でした。しかも、石黒勝代先生のお料理のレッスンでは、五人ほどのグループで美智子さまとご一緒されていたのです。

美智子さまが浩宮さまを妊娠中に「特別ていねいに作ったコンソメスープをお届けしましょう」ということになり、その準備を恵美子さんが中心となって行いました。「みどりちゃんも来るのよ」と彼女に迫られましたが、私は当時日本テレビの一年生。宮内庁に聞いたら、まずダメだと言われるに決まっています。それでも取材に行きたかったので、ついて行くことにしました。

お勝手口から行ったのですが、「お玄関に回ってください」ということで表へ回ると、和服の寝間着の上にガウンをお召しの美智子さまがうれしそうに出ておいでになりました。そのとき取り仕切ってくださったのは濱尾侍従。お鍋に入った手作りのコンソメスープをお渡しして、一同渋谷の東宮仮御所を後にしました。

恵美子ちゃんの誘いに乗ってほんとうによかった。私は「お友だちのお友だち」として行ったのですが、忙しい濱尾さんの早合点で「渡邉みどりは美智子妃のお友だち」と思っていただいたからです。その後、宮様方が地方にご出張でお留守番のときなどに陣中見舞いとしてお伺いすると、濱尾侍従は「ご覧になりますか」とおっしゃって、当時の暮らしぶりを見せてくださったのです。

濱尾実さん、酒井恵美子さん、どうか安らかにお眠りください。

渡邉みどり

参考文献


『皇室　皇族画報2017』ハースト婦人画報社
『皇室典範』同朋舎編集部編、角川書店
『幕末の天皇』藤田覚著、講談社学術文庫
『美智子皇后の「いのちの旅」』渡辺みどり著、文春文庫
『美智子皇后「みのりの秋《とき》」』渡辺みどり著、文春文庫
『美智子さま　マナーとお言葉の流儀』渡邉みどり著、こう書房
宮内庁ホームページ



イラスト　片塩広子
校閲　竹田賢一
編集・構成　高木香織

渡邉みどり（わたなべ・みどり）

ジャーナリスト・文化学園大学客員教授。1934年、東京都生まれ。早稲田大学卒業後、日本テレビ放送網入社。報道情報系番組を担当。1980年、担当ドキュメンタリー「がんばれ太・平・洋　新しい旅立ち!　三つ子15年の成長記録」で日本民間放送連盟賞テレビ社会部門最優秀賞受賞。昭和天皇崩御報道の総責任者などを務める。1995年『愛新覚羅浩の生涯』（読売新聞社）で第15回日本文芸大賞特別賞受賞。著書に『美智子さま　マナーとお言葉の流儀』（こう書房）、『とっておきの美智子さま』（マガジンハウス）、『心にとどめておきたい美智子さまの生き方38』（朝日文庫）など多数。

美智子《みちこ》さま いのちの旅《たび》—未来《みらい》へ—

2021年 4 月 5 日　第1刷発行

著　者　渡邉《わたなべ》みどり

発行者　出樋一親／髙橋明男

編集発行　株式会社 講談社ビーシー
〒112-0013　東京都文京区音羽1-2-2
電話　03-3943-6559（書籍出版部）

発売発行　株式会社 講談社
〒112-8001　東京都文京区音羽2-12-21
電話　03-5395-4415（販売）
03-5395-3615（業務）

印刷所　株式会社 新藤慶昌堂
製本所　牧製本印刷 株式会社



ISBN978-4-06-523456-3　